성공 가능성을 높이고 싶다면 의견이 아닌
실제 시장 데이터를 수집하세요.
구글 최초의 엔지니어링 디렉터 알베르트 사보이아

다른 사람들의 시끄러운 의견 때문에
여러분 마음속의 소리를 덮지 마세요.
무엇보다 중요한 것은 여러분의 마음과 직관을 따를
용기를 가져야 한다는 것입니다.
스티브 잡스

묵묵히 성실하게 아무리 노력해도
안 될 수 있다는 것이 엄연한 현실입니다.
왜냐하면 원래 세상은 공정하지 않기 때문입니다.
야마구치 슈

사람들은 그대의 머리 위로 뛰어다니고
그대는 방 한구석에 앉아 쉽게 인생을 얘기하려 한다.

서태지

창업가라면 반드시 봐야 할 리얼 성공 원리

스타트업 성공 방정식

스타트업 성공 방정식

펴낸날 2020년 11월 30일 1판 1쇄

지은이_양민호
펴낸이_김영선
책임교정_이교숙
교정,교열_남은영, 양다은
경영지원_최은정
디자인_바이텍스트
마케팅_신용천

펴낸곳 (주)다빈치하우스-미디어숲
주소 경기도 고양시 일산서구 고양대로632번길 60, 207호
전화 (02) 323-7234
팩스 (02) 323-0253
홈페이지 www.mfbook.co.kr
이메일 dhhard@naver.com (원고투고)
출판등록번호 제 2-2767호

값 14,800원
ISBN 979-11-5874-097-9

이 도서의 국립중앙도서관 출판예정도서목록(CIP)은 서지정보유통지원시스템 홈페이지(http://seoji.nl.go.kr)와 국가자
료공동목록시스템(http://www.nl.go.kr/kolisnet)에서 이용하실 수 있습니다.(CIP제어번호: CIP2020044415)

창업가라면 반드시 봐야 할 리얼 성공 원리

스타트업 성공 방정식

THE START-UP SUCCESS FORMULA

양민호 지음

미디어숲

실패를 자산으로 만든 사람이
성공을 만든다

저자가 나를 찾아왔던 어느 쌀쌀했던 봄날을 기억한다. 퀭한 눈으로 이런저런 얘기를 쏟아내던 그에게 연민이 느껴졌다. 한편으로는 대견하고 장했다. 설령 그가 어려움을 이겨내지 못하고 주저앉는다 해도 이미 그에게 소중한 자산이 생긴 것 같은 느낌이 들었기 때문이다. 이야기하는 내내 그는 포기하고 싶다고 했지만 나는 직감적으로 알았다. 그가 실패하지 않으리라는 것을.

나는 30년간 IB(Investment Banking, 투자금융)에서 일하며 수백 건의 프로젝트를 수행해 왔다. 모든 IB 프로젝트의 중심에는 가치평가가 있다. 기업에 투자하든 IPO나 M&A을 주선하든 결국 핵심은 가치평가다. 그러나 아직도 참 어렵다. 단지 수치로만 나온 지표로 가치평가를 할 수는 없기 때문이다. 분명 기업에는 정량적 지표뿐만 아니라 '정성적 지표'가 있다. 그것을 발견해 내고 계량화하는 것이 우리의 임무다.

이를 위해 다양한 분야의 책을 읽으며 기업경영과 투자에 대한 인사이트를 얻는다. 그러다 종종 '이 사람은 책을 쓰기보다는 아직은 읽어야 할 것 같다'는 생각이 드는 책을 만난다. 본인의 성공스토리를 과대평가하고 자신의 탁월함을 은연중에 강조하기 때문이다. 성공의 길을 어떻게 한 가지로 정의할 수 있겠는가?

이 책 『스타트업 성공 방정식』은 세상의 많고 많은 그런 책과는 분명 다르다. 저자는 성공보다는 초기 기업들의 실패 원인과 저자 자신의 시행착오를 소재로 삼는다. 누군가 '스타트업'을 계획하고 있다면 이 책을 읽고 반면교사로 삼기를 바란다. 성공한 모든 CEO는 단순히 미래를 잘 예측했다기보다는 본인이 꿈꾸는 미래를 위해 열정을 불태우며 자신만의 방법론을 찾아 성공을 개척해 왔다. 저자가 이 책에서 말하는 것처럼, 잘 아는 영역에서 사업을 시작할 때, 공동창업자와 시너지가 충만할 때, 그리고 현금흐름이 뒷받침되는 사업을 할 때 성공 가능성이 커진다. 스타트업을 시작했다면 밸류에이션이나 세상의 불공정 따위에 신경 쓰지 말고 오롯이 '기업'을 만드는 데 build

$^{your\ business}$에만 집중해야 한다는 저자의 말에도 전적으로 동의한다.

저자의 말대로 결국 본질이다. 현재 여러 스타트업과 프로젝트 파이낸싱 투자를 검토하고 있는데, 저자가 강조하듯 사업의 본질을 파악하지 못하고 피상적으로 사업하는 이가 의외로 많다고 느낀다. 원칙으로 돌아가 하나하나 기틀을 잡고 단단하게 시작하는 것, 그것이 시행착오를 줄이고 스타트업의 실패 확률을 낮춘다. 나 또한 요즘 마크 트웨인$^{Mark\ Twain}$의 "사람은 무언가를 몰라서가 아니라 무언가를 확실히 안다는 착각 때문에 곤경에 빠진다."라는 말을 투자의 경구로 삼으며 기본을 다시 점검하곤 한다.

스타트업에서 빠질 수 없는 몰입과 열정을 논할 때 종종 라흐마니노프$^{Sergei\ Rachmaninoff}$의 이 말을 떠올린다. "음악은 인생을 위해 충분하다. 그러나 인생은 음악을 위해 충분하지 않다." 저자가 이 책에서 표현한 것처럼 누군가에게 운명처럼 스타트업 창업의 기회가 찾아왔다면, 난 그에게 라흐마니노프의 저 말을 건네고 싶다. 이러한 마음가짐과 열정으로 도전하고 맹렬히 쏟아부었음에도 실패했다면 좌절할 필요는 없다. 이미 그 과정에서 엄청난 실패의 자산이 생겼으며, 이것이 다음 성공을 만들어 줄 거라고 생각하기 때문이다. 이 땅의 수많은 스타트업 창업가들에게 진심으로 경의를 표하며 마음속 깊은 응원을 전한다.

미래에셋캐피탈 대표이사 이구범

그럼에도 스타트업을 한다면
이것만은 알고 시작하자

나는 약 10년 간 대기업에서 일한 후 스타트업을 시작해 얼마 전 매각했다. 스타트업 분야에서 매각은, 이른바 '엑시트(exit, 투자금 회수)'의 환상처럼 느껴진다. '창업 - 성장 - 회수'의 구조에서 마지막 엑시트까지 성공하기는 그리 쉽지 않기 때문이다. 하지만 엄밀하게 말해 내가 스타트업을 창업하고 성장시켜 온 지난 6년간 겪었던 일련의 과정을 성공이라고 말하기는 어렵다. 사업을 시작하며 꿈꿨던 원대한 목표의 근처에도 가지 못했기 때문이다.

스타트업을 시작했을 때의 나를 돌이켜 보면, 부끄럽지만 나 자신을 터무니없이 과대평가했다. 스티브 잡스, 일론 머스크, 마크 저커

11

버그와 같은 성공한 기업가들의 전기를 수차례 정독하면서 내가 그들과 크게 다르지 않다고 느꼈다. 나 또한 그들처럼 세상을 바꿀 수 있으리라 착각했다. M&A(인수합병) 또는 기업공개IPO를 통해 수천억 원의 자산을 거머쥔 후 세상에 으스대며 겸손한 척 자선사업을 벌이겠다는 허황한 계획도 세웠다. 물론 그 망상 속의 내 차고에는 검은색 포르쉐 911 카레라가 세컨드 카로 으르렁대고 있었다. 배달의민족 창업자 김봉진처럼 책도 쓰고 강의도 하며 나 자신을 영웅화하고 싶은 욕망도 있었다.

나뿐만 아니라 전 세계 많은 창업가가 이러한 욕망과 자신감, 혹은 망상을 가지고 스타트업을 시작한다. 그러나 내가 스티브 잡스나 김봉진이 될 확률은 0에 가까울 정도로 희박하다는 결론에 도달하며 마침내 내 인생의 2막을 정리했다. 소수 창업가만이 먹고 살 만큼의 종잣돈을 챙겨 회사를 매각할 수 있다. 근근이 임차료와 급여를 지급하며 유지할 수 있다면 그나마 형편이 나은 편이다. 대부분의 스타트업은 좀비 상태로 남거나 파산으로 끝난다. 여기저기에서 끌어다 쓴 개인 채무뿐만 아니라 회사 차입을 위해 보증인으로 명의를 내줄 수밖에 없었던 연대채무가 남는다. 물론 운이 좋다면 사업에 투자한 창업가의 현금을 소진하는 정도에서 그칠 수도 있다.

운명처럼 찾아오는 스타트업 창업

"넌 왜 그 좋은 직장을 나와 사업을 시작했어? 아, 우문愚問인가? 그래 맞아. 누가 알겠어? 창업은 어느 날 갑자기 운명destiny처럼 찾아오지!"

나보다 수년 먼저 사업을 시작하여 수차례 실패를 겪으며 재정난에 허덕이던 선배가 느닷없이 던진 질문이었다. 플랫폼 비즈니스로 뛰어들어 우왕좌왕하고 있었던 2018년 1월, 휴대전화 너머로 가볍게 들렸던 선배의 그 질문이 여전히 내 뇌리에 깊이 박혀 있다.

선배의 질문에는 두 가지 중요한 논점이 있었다. 첫 번째는 "그 좋은 직장을 왜 나왔냐?"는 말. 그렇다. 내가 몸담은 전 직장은 꽤 괜찮은 곳이었다. 대한민국에서 누구나 알 만한 유명한 금융회사였고, 나는 그 회사의 여러 부서 중에서도 입사 지원자들이 가장 선호한다는 IB(Investment Bank: 기업공개, 증자, 회사채 발행, 구조화 금융, M&A 등을 주관하고 자문하는 업무) 소속이었다. 그러나 그 선배의 '좋은 직장'이라는 표현에는 일반적인 부러움이 내포되어 있지 않았다. 그 선배 또한 CJ와 삼성전자를 거친 유능한 프로그래머였기 때문이다. 즉 "좋은 직장을 왜 나왔느냐?"라는 말에는 ① 왜 이 거친 세계에 왔니? ② 내가 사업을 해 보니 직장이 더 좋은 것 같은데? 그리고 ③ '난 왜 회사를 나왔을까?'와 같은 자기 회한, 동정 또는 상대방의 섣부른 판단에 대한 현실적인 비판이 담겨 있었다.

그리고 두 번째는 "운명처럼 찾아오지"라는 말. 이 책을 관통하는 주제이기도 하며 이 책을 쓰게 된 동기 중 하나다. 선배의 그 표현에 공감했다. 누구나 창업하기 전에 철저하게 준비해야 한다는 사실을 알지만 창업가의 환상, 몽상, 착각은 그것을 이상한 방향으로 왜곡시킨다. 그래서 대다수 창업가들은 사업 초기에 어쩔 수 없이 시행착오를 거치게 마련이다. 이 시행착오가 좋은 방향으로 이끌어 도약하기 위한 밑거름으로 쓰이면 좋은데, 실상은 그렇지가 못하다. 자본 사정이 열악한 많은 스타트업은 시행착오로 인해 파트너십이 심각하게 훼손되거나 직원들이 이탈하거나 창업가가 용기를 잃는 일이 발생한다. 그러다 결국 파산에 이르기도 한다.

　　그러나 실패 후 다시 창업을 하는 경우 실패할 확률이 낮아진다는 것도 잘 알려진 사실이다. 우리는 실패 후 재창업하거나, 창업에 성공한 후 다시 연쇄 창업하여 성공한 기업가들을 심심치 않게 본다. 결국 그들은 실패를 통해 이 '사업'이라는 것의 본질을 파악할 수 있었기 때문에 사업 초기의 시행착오를 줄이고 더 멀리 나아갈 수 있었다. 또다시 위기가 찾아와 회사를 뒤흔들어도 그들은 적절히 대응할 수 있는 노하우를 지난 사업을 통해 체득했다. 사업의 본질을 알고 사업했다는 것이다.

누구도 당신의 실패에 책임지지 않는다

세상은 젊은이들에게 창업하라고 전방위적으로 압박한다. 세계 많은 나라에서 스타트업 생태계를 활성화하기 위해 애쓰고 있다. 창업에 필요한 생태계를 조성해 주고, 기업에 필요한 초기 자본을 대주며, 차입이 필요한 경우 직접 보증해 준다. 직간접 금융으로 매년 수조 원의 자금을 시장에 공급한다. 당연하다. 탄탄한 중소기업을 육성하면 대기업 위주의 산업 질서가 재편되어 국가 경제적 리스크를 낮출 수 있고, 결국 성공한 중소기업은 국가의 GDP를 증가시키며 새로운 고용을 창출하기 때문이다. 매스미디어는 창업 성공 신화에 주목한다. 스티브 잡스, 일론 머스크, 마크 저커버그, 마윈 등과 함께 샐러리맨의 신화로 불리는 셀트리온의 서정진부터 고졸 신화를 대표하는 넷마블의 방준혁까지 젊은이들에게 기업가 정신으로 무장하여 세상을 바꿔야 한다고 한목소리를 낸다.

온갖 종류의 성공과 산업 트렌드 관련 서적이 쏟아지는 세상이다. 넷플릭스와 구글과 같은 파괴적 혁신 기업의 비결을 말해 주며 '그릿(Grit: 열정과 끈기의 조합)'이 있어야 성공할 수 있다고 말하는 작가도 있다.

먼저 직시해야 할 점이 있다. 경제경영 분야의 베스트셀러 작가들은 성공과 혁신의 비결, 트렌드 예측이나 기업 속성에 대한 통찰력을 유려한 글로 설파하지만, 직접 기업을 운영하거나 창업을 해 본 이들은 극히 소수에 불과하다는 사실이다. 대부분은 창업을 시도해 본 적이 없다. 단지 어느 대기업의 직원 필독 도서에 선정되길 기대하며 글을 팔아 본인의 수익을 창출할 뿐이다.

세상은 창업의 본질을 가치 있고 위대한 절대적 선善으로 묘사하며 찬양하고 도전을 부추긴다. 직장에서 수동적으로 살아가는 대부분의 피고용인들은 거대한 조직의 톱니바퀴 같은 부속품이자 노예 등으로 묘사되며 마치 루저loser로 인식시키기도 한다. 그러나 정부, 언론, 작가, 세상의 그 누구도 한 개인의 창업과 이후의 실패, 그의 인생에 관해 말하지 않으며 책임지지 않는다. 오로지 소수의 성공한 스타트업 창업가를 부각해 다른 사람들을 현혹하기에 급급하다.

대부분의 창업은 필연적으로 실패할 확률이 매우 크다는 것을 이미 세상 모두가 아는데도 말이다.

사업의 본질부터 파악하라

이 책의 주제는 비교적 명확하다. 나는 이 책을 읽는 누구라도 가급적 창업하지 않기를 희망한다. 그럼에도 불구하고 운명처럼 보이지 않는 거대한 힘에 이끌려 창업을 꼭 해야겠다면 최대한 리스크를 낮출 몇 가지 방법을 제시하려고 한다. 그것은 결국 사업의 본질에 관한 이야기다. 그렇다고 내가 제시하는 것이 결코 절대적인 방안이라고 볼 수는 없다. 세상의 성공한 기업가들은 타인의 성가신 소리에 이끌리기보다 그들 나름의 방법론으로 비즈니스를 구축했다는 사실을 염두에 두었으면 한다.

나는 대학 졸업 이후 사회생활을 시작하며 12년간, 성공한 많은 기업인과 M&A, 기업공개, 투자 등을 진행해 왔다. 그 과정에서 여러 종류의 산업과 기업을 분석했고, 기업 가치평가^{valuation}를 했다. M&A나 기업공개에 성공한 CEO들에게는 분명 공통적으로 성공의 DNA가 있었던 것 같다. 그리고 최근 3년 동안 공유경제 섹터에 속하는 플랫폼 비즈니스(사업자가 네트워크를 구축하고 여기에 소비자가 시간과 공간의 제약을 받지 않고 참여할 수 있도록 하는 사업 형태를 말한다)를 기획, 개발, 상용화하여 마케팅했다. 얼마 전 해당 기업을 매각했다. 이 과정을 돌아보며 아쉬운 점과 함께 또 다른 기회 요인을 찾을 수 있었다.

시장의 참여자, 투자자 또 여러 스타트업 CEO와 교류하며 공유했던 성공과 실패의 이야기들을 소개하겠다. 궁극적으로 이 책의 목적은, 기업가가 창업 초기 3년 안에 겪는 시행착오를 줄이는 데 있다. 더 나아가 누구나 마땅히 인생에서 매 순간 행복해야 한다는 그 당위성을 기술할 것이다. 창업의 목적이 탐욕이든 공상이든 사회 변화든, 그 동기를 떠나 우리는 한정된 인생에서 행복이라는 목적지를 향해 끊임없이 탐험하는 피조물이기 때문이다.

저자 양민호

contents
차례

성공 방정식 1

위험을 감수할
자신이 있는가

바야흐로 프리랜서의 시대다. 이른바 밀레니얼 세대가 주축이 되는 이들은 글로벌 경제 번영 속에 태어나고 성장하여 조직에서의 팀워크 추구보다는 본인의 개인적인 목적 달성을 위한 독립적·자유적 성향이 강하다. 직장 상사에 본인의 운명을 맡기기 싫은 이들은 IT 프로그래머, 디자이너, 번역가, 콘텐츠 크리에이터 등 다양한 직종에서 활동하고 있다. 과거에 이들은 주로 인맥과 네트워크를 통해 일감을 받았으나 최근에는 온라인 프리랜서 매칭 플랫폼을 활용하는 빈도도 높아졌다.

크라우드소싱 플랫폼인 프리랜서코리아에 따르면, 2020년 현재 미국의 전체 고용인구 중 약 40%가 프리랜서이며, 국내 또한 그 비중이 10% 내외에 육박했다고 한다. 과거 5년 전만 해도 국내 프리랜서 비중이 약 5%에 불과했던 점을 고려해 보면 우리의 고용시장도 분명 변하고 있음을 알 수 있다. 과거에는 비자발적 프리랜서들이 많았다. 즉, 정규직 취업에 실패하여 자신의 의지와 상관없이 프리랜서를 선택한 이들이 많았다. 그러나 최근에는 직장을 벗어나 자율적으로 일하며 수입을 창출하는 프리랜서들이 점점 늘어나고 있다.

프리랜서, 자영업자 그리고 기업가의 차이점

프리랜서는 대부분 개인사업자 형태로 조세 납부의 의무를 진다. 그렇다면 이 개인사업자들을 사업가라고 부를 수 있을까? 막연하게 둘 사이에 차이가 있는 것 같긴 한데 분명하게는 알지 못한다. 프리랜서는 사업가와 어떤 차이가 있을까? 대표적인 차이로는 투입되는 '자원resource'이 다르다는 점이다. 프리랜서는 본인의 노동력을 기반으로 시간과 기술을 투입하지만 사업은 필연적으로 '자본'을 투자한다. 즉, 실패했을 때 프리랜서는 시간에 대한 기회비용 정도만 손실을 보지만 사업가는 기회비용과 더불어 자본 손실도 발생한다.

사업가는 다시 자영업자와 기업가로 나눠서 생각해 볼 수 있다. 자영업자 또한 일정 자본을 투입하여 사업체를 영위하기 때문이다. 그러나 우리는 개념적으로 지역 커피집이나 복사·제본집, 빵집, 치킨집을 운영하는 자영업자들을 기업가라고 생각하지는 않는다. 스타벅스(커피), 킨코스(복사·제본), SPC(빵), 교촌치킨(치킨)의 CEO를 기업가라고 칭한다. 이 둘에는 어떤 차이가 있을까? 분명 명확한 차이들이 있다. 정리해 보면 다음과 같다. 기대 수익과 발생 가능한 위험을 중심으로 살펴보길 바란다.

프리랜서, 자영업자와 기업가의 차이

구분	프리랜서와 자영업자	기업가
목적	기술 또는 소규모 장비로 현금흐름을 창출한다.	창의적인 아이디어를 현실화시킨다.
영역	본인 영역의 '일'에만 집중하면 된다.	'일' 외에 뭐든 다 해야 하므로 조직을 꾸리고 사람이 필요하다.
공간	소규모 작업 공간이 필요하지만 집에서도 할 수 있다.	팀워크가 중요하므로 사무공간이 필요하다.
보상	전문성(기술)에 대한 보상, 소규모 장비에서 창출되는 현금흐름이 있다.	사업이 성공한다면 월급과 인센티브 외 주식이나 스톡옵션 등 다양한 보상을 제공한다.
비용	들어가는 경비가 적거나, 적은 규모의 임차료나 급여비용이 지출된다.	매달 급여, 임차료, 보험료 등 일반적 가계 수준과는 다른 큰 지출이 수반된다.
부채	발생하지 않거나 발생하더라도 개인 가계의 부채 수준에 머문다.	큰 부채가 발생할 가능성이 있다.
삶	자유롭거나 출퇴근 시간이 비교적 명확하다.	사업 초기 극심한 스트레스에 시달릴 공산이 크며, 일과 삶의 균형을 기대하기 어렵다. 그러나 사업이 성공한다면 높은 만족도를 기대할 수 있다.
이익	급여 수준 이상의 큰 이익을 기대하기 어렵다.	사업에 성공한다면 통상적 급여 수준보다 수백 배 이익을 얻을 수 있다.
계획	원대한 그림보다는 현실적 계획이 필요하다.	장단기 세부 전략, 철저한 기획이 필요하다. 만약 이 전략에 실패한다면 사업 초기에 파산할 수 있다.
규제	비교적 규제에서 벗어나 있다.	관련 법률, 규제, 세제 등에 대해 항상 신경 써야 한다.

한마디로 요약하면 위험을 얼마큼 감내할 수 있는지에 따른 차이라고 볼 수 있다. 누군가 자체 브랜드를 만들어 커피숍 하나를 차렸다고 가정해 보자. 인테리어 비용과 커피 제조기 구입비 등 초기 투자비용이 영업 준비 시 필요하다. 투자하여 설비를 갖추고 비로소 가게를 열었다면 재료비, 임차료, 아르바이트 급료 등의 지출이 발생한

다. 이 지출이 현금흐름, 즉 손님을 통해 얻는 수익 창출보다 낮은 수준일 때 이익이 난다. 이것이 자영업에서 기대하는 수익 창출의 기본 구조다.

자영업과 스타트업 창업은 본질적으로 다르다

많든 적든 이제 막 문을 연 커피숍에는 분명 손님이 찾아오게 마련이다. 그러나 대부분 '사업'은 이 커피숍과는 전혀 다른 양상으로 진행된다. 자사 제품이나 서비스 또는 플랫폼을 시장에 내놓는다고 해서 이용자들이 자발적으로 찾아오는 경우는 극히 드물다. 그것이 B2B든 B2C든 C2C 비즈니스든 사업가가 개발인력들과 함께 밤을 새우며 개발한 이 뛰어난 창조물에 '마케팅'이라는 과정이 없다면 그건 벌거숭이와 다름없다. 자본을 투자하든 인력을 동원하든 적극적으로 마케팅을 해서 그 창조물에 옷을 입히고 고객들에게 알리고 설명해야 한다.

그러나 더 큰 문제는 그렇게 마케팅을 열심히 해도 좀처럼 손님이 찾아오지 않는다는 점이다. 초기 기업의 마케팅 비용이 턱없이 부족한 것도 이유 중 하나이지만 사실 더 큰 이유는 전략의 실패다. 즉 소비자를 잘 몰랐고, 잘 알았더라도 막상 해 보니 자기 생각과 현실이 달랐던 것이다. 이것이 바로 초기 기업들이 겪는 시행착오의 구간이다. 이 시행착오에 관해서는 책에서 계속 언급하겠지만 무엇보다 이

것 하나는 기억해야 한다. 창업 초기부터 현금흐름(수입)이 발생할 것이라고 막연히 기대하는 것은 대단한 착각이다.

대부분의 스타트업은 창업 초기 현금흐름이 극히 제한적인 상황에서 매몰비용(인건비, 임차료 등)과 R&D 비용(개발비 등)을 계속 지출해야 한다. 이 구간은 짧게는 몇 개월에서 길게는 수년까지도 이어질 수 있다. 스타트업 창업가는 이 숨 막히는 단계를 극복해야만 비로소 다음 단계로 넘어갈 수 있다.

투자에 대한 막연한 기대는 버려라

이때 벤처캐피털을 통해 자기자본 투자를 유치하거나 정부에서 지원하는 자금을 받아 다음과 같은 시나리오를 상상할 수도 있다.

창업가 A씨는 자본금 1천만 원으로 주식회사를 설립한다. 그 후 멋진 사업계획서를 작성하여 중소기업을 지원하는 국가 기관(대한민국에는 신용보증기금, 기술보증기금, 중소기업진흥공단 등이 대표적이다)의 문을 두드린다. 참고로 이 기관들이 존재하는 이유는 명확하다. 시중 은행들은 담보가 없으면 돈을 빌려주지 않기 때문이다. 이 기관들은 기업에 담보 없이 직접 대출해 주거나(중진공) 담보를 제공하여 은행에서 차입(기보와 신보)할 수 있게 해 준다. 여하튼 A씨는 국가 기관을 통해 적게는 수천만 원, 많게는 수억 원을 국가 보증부 대출을 받아 R&D를 시작한다. 그리고 본격적으로 시중의 액셀러레이터accelerator

또는 엔젤 투자자(기술력은 있으나 자금이 부족한 창업 초기 벤처기업에 자금 지원과 경영 지도를 해 주는 개인투자자)를 통해 1천만~1억 원 내외의 자기자본 투자를 유치한다. 그 후 본격적인 현금흐름이 발생하면 벤처캐피털의 문을 두드려 수억 원에서 수십억 원 규모의 투자를 유치한다. 이 자금을 기반으로 마케팅을 하며 기업 가치를 높인다.

초기 기업의 현금흐름과 관련된 이와 같은 시나리오는 이 책에서 나중에 설명할 예정이다. 이 시나리오가 가진 맹점을 간단하게 이야기해 보겠다. 만약 당신이 기술력이나 사업성이 뛰어나고 특히 국가의 미래 산업 육성 정책과 그 사업의 궤를 함께한다면 정부 자금(보증부 차입)을 받는 것이 그다지 어려운 일은 아니다. 그러나 이러한 국가 기관을 통해 유치할 수 있는 자금의 절대적인 규모는 당신의 기대보다 터무니없이 적다. 국가는 공평하게 예산을 집행하는 기관이기 때문이다. 수많은 중소기업, 스타트업이 지금 이 시점에도 절박하게 국가의 문을 두드리고 있다. 어렵게 국가로부터 자금을 받았더라도 그 자금 규모는 마케팅은 고사하고 R&D나 운영자금에도 미치지 못할 수 있다. 자금은 계속 필요하다. 인건비와 임차료로 회사의 현금이 말라가는 게 보일 것이다. 그리고 그때 당신은 벤처캐피털의 문을 두드린다.

이 '투자 유치'와 관련해 기억할 만한 몇 가지 중요한 사실이 있다. 아마도 한 번쯤 머릿속에 이런 그림들을 그려봤을지도 모른다. 어느

28

벤처캐피털의 심사역들을 앞에 두고 자신의 그 훌륭한 사업계획서를 멋지게 프레젠테이션하며 Q&A 세션을 갖는 모습을 말이다. 그러나 안타깝게도 벤처캐피털을 만나는 것, 해당 심사역과 접점을 찾는 것조차 어려울 것이다.

수많은 벤처캐피털에 이메일을 보내도 대부분은 읽지 않은 채로 있으며 답장이 온다고 해도 이메일 알고리즘이 답장을 대신할 것이다. "귀하의 사업은 대단히 훌륭하나… 다음에 더 좋은 기회로…." 그러나 냉정하게 생각해 보면 충분히 예측할 수 있는 과정이다. 공급(벤처캐피털)보다 자금에 대한 수요가 훨씬 많기 때문이다. 그럼에도 만약 벤처캐피털과의 접점을 찾고 자리가 마련되어 열심히 해당 심사역에게 나의 위대한 비전과 기술을 설명했다고 가정해 보자. "비록 지금은 매출이 없지만 곧 2~3년 내 우리는 위대한 기업이 돼 있을 것입니다. 우리 기업에 투자해 주십시오." IR(투자자들에게 기업의 정보를 제공하기 위한 문서) 자료에 메모하던 심사역은 이렇게 말할 것이다. "그래서 작년 또는 최근 매출이 어떻게 진행되고 있나요? 투자를 받으신 적은 있나요?"

'venture'라는 단어의 사전적 의미에는 도전과 모험이 담겨 있지만 안타깝게도 벤처캐피털은 벤처에 투자하지 않는다. 그들의 목적은 애초에 투자수익률에 있으므로 초기 기업에 투자하는 것과 같은 위험과 도전을 감수하기가 쉽지 않다. 그래서 '벤처캐피털이 벤처에 투자하지 않는다.'는 말은 사실 과거부터 미국에서 널리 통용되던 말이었다. 물론 미국에는 와이컴비네이터와 같은 훌륭한 액셀러레이터들(미국 실리콘밸리에서 단기간에 신생 기업의 활성화를 돕기 위한 지원 단체로 아이디어와 비즈니스 계획을 자문해 주고 자금과 인력을 지원함)도 많다. 그렇지만 창업가들이 겪는 실제 현실은 완전히 냉혹할 수밖에 없다. 대부분 창업가는 벤처캐피털에 수없이 많은 거절을 당하게 된다. 대부분의 벤처캐피털은 투자 유치에 이미 성공한 이력이 있는, 즉 누군가 한 번쯤 검증해 놓은 회사 또는 가시적인 매출이 발생하거나 예상되는 회사에 투자한다. 훌륭한 사업계획서와 개발된 프로토타입만 가지고 벤처캐피털의 문을 두드린다면 십중팔구 이런 심드렁한 말을 듣게 될 것이다.

"그건 가정일 뿐이잖아요. 지표를 보여 주세요."

성공 방정식 2

주식 투자보다
위험한 사업

최근 주식 열기가 뜨겁다. 올해 6개 증권사에서 신규로 개설된 계좌 가운데 57%를 2030세대가 차지했다. 또한 금융투자협회는 2020년 장외주식시장의 거래대금이 1조 원을 돌파할 것 같다고 밝혔다. 만약 자금이 있다면 사업을 할 것인가, 주식 투자를 할 것인가.

　사업과 주식 투자를 서로 비교해 보자. 이 둘을 비교하는 것이 의아할지도 모르겠다. 그러나 통상적인 기업은 주식회사를 설립(설립 자본금의 납입)하는 데서부터 시작한다. 즉 한 기업의 주식을 취득한다는 것이다. 내가 출자한 자본에 대한 '위험'의 정도와 주식을 발행한 기업에 대한 '주도적 컨트롤 가능성'이라는 차이가 있을 뿐 사실이 둘은 꽤 유사한 속성을 지닌다. '주식'이라는 공통분모로 생각해 볼 때 사업과 주식 투자의 본질을 간략히 비교하면 다음과 같다.

구분	사업	주식투자
목적	여러 동기부여와 기업 형태를 통해 궁극적으로 주주가치를 극대화하려고 한다.	매각차익을 극대화하려고 한다.
방법	설립 자본금 출자 또는 증자 참여로 주식을 취득한다.	유통 주식 매입 또는 증자 참여로 주식을 취득한다.
수익	월급, 배당 또는 보유 주식(스톡옵션 포함)의 매각차익.	배당 또는 보유 주식의 매각차익.
형태	비상장 주식 취득.	상장 또는 비상장 주식 취득.
지분	최대주주 또는 주요주주.	대부분 소액 주주(지분율 1% 미만).

운영	직접 경영하여 성공시켜야 한다.	설립자 또는 전문경영인이 경영하며 소수 주주의 경영 참여는 제한적이다.
관여	사업 초기, 창업가의 모든 시간과 에너지를 투입할 가능성 크다.	대부분 주식 투자 외 본업이 있으며 제한적인 시간만 투입한다.
위험	매우 높다.	높다. 단 매매, 보유 형태 또는 주식의 종류에 따라 다르다.
손실	투자한 설립 자본금 전액 손실과 더불어 각종 채무를 떠안을 수도 있다.	빚을 내지 않는 한 투자한 자금 한도에서 손실이 발생한다.
보상	사업을 성공시켜 매각한다면 설립 자본금의 수천 또는 수만 배의 매각 차익도 가능하다.	투자자의 성향마다 다르나 통상적으로 연간 예금금리보다 많거나 10% 내외의 수익률을 기록한다면 성공적인 투자로 인식된다.

1억 원이 있다면 사업을 할까, 주식을 할까

　물론 최대주주 또는 설립자의 주식만을 놓고 사업의 속성과 비교하기에는 분명 무리가 있다. 또한 사업은 성공했을 경우 주주에게 부를 가져다줌과 동시에 고용을 창출하고 국가의 GDP를 증가시키는 등 여러 긍정적인 대내외적 효과가 있다.

　그렇다면 이렇게 한번 생각해 보자. 만약 나에게 현금 1억 원이 있다고 하자. 그리고 오래전부터 꿈꿔왔고, 계획했던 확실한 사업 아이템이 있다고 치자. 나에게는 두 가지의 선택지가 있다. 첫 번째는 이 1억 원으로 주식회사를 설립하여 사업을 실행으로 옮기는 것, 그리고 두 번째는 주식에 투자하여 이른바 재테크를 하는 것이다.

　대다수 사람은 후자를 택할 것이다. 매우 당연하다. 보통 사람은 구체적으로는 몰라도 사업을 한다는 것의 본질이 매우 위험하다고 알고 있기 때문이다. 우리는 본능적으로 위험을 피하려 한다. 그럼에도 불구하고 분명 그 1억 원으로 주식회사를 설립하는 사람들이 있다. 이들이 바로 창업가들이다. 우선 이들에게는 주식 투자로 기대되는 수익률 그 이상을 바라는 탐욕이 내재해 있다. 무엇보다 이들에게는 매우 강한 자기 확신이 있어서 미래의 불확실한 위험보다는 현재의 도전을 통한 자기만족을 좀 더 중요한 가치로 생각한다. 더 나아가 이들에게는 본인의 주장으로 세상을 바꾸고 싶다는 욕망과 함께 사업의 대상과 조직을 통제하고 싶다는 욕구가 있다. 사실 주식 투자의 가장 큰 맹점은 해당 주식을 발행한 기업을 투자자가 통제할 수 없다는 점이다. 그저 보유한 주식을 발행한 해당 기업을 무턱대고 믿는 수밖에 없다.

내가 투자기관에 종사할 때 일이다. 나는 중요한 프로젝트를 도맡아 수행하며 기업분석가로서 경험을 쌓았고 급기야 한 유망한 비상장 기업을 발굴하여 해당 기업에 78억 원의 투자를 집행했다. 경쟁자였던 해외 투자기관을 밀어내고 최종 투자에 성공한 쾌거였다. 투자 성사 후 우리는 해당 비상장 기업의 2대 주주로 등극했다. 투자 당시 매출액 400억 원 수준이었던 이 기업은 투자 3년 후 매출액이 800억 원에 이를 정도로 성장했다.

이 기업은 나와 함께 이미 기업공개IPO를 준비하고 있었다. 기업공개는 기업 설립 후 거래소에 주식을 공개하고, 회사의 주식을 불특정 다수의 투자자에게 매매할 수 있게 하는 것을 말한다. 기업공개가 예정된 기업은 엄격한 회계의 투명성을 위해 금융감독원이 지정한 외부 회계감사인의 감사를 받아야 한다. 그 까다롭다는 지정 감사도 국내 최고의 회계법인에서 두 번이나 받았다. 어느 것 하나 부족함이 없었다.

그러나 어느 겨울밤 나에게 이 기업 대표는 충격적 사실을 털어놓았다. "사실 매출채권 중 300억 원 정도가 가짜입니다." 쉽게 말해 이 회사는 그간 분식회계를 해왔다는 말이다. 조사를 통해 그 발언은 사실임이 드러났다. 그리고 이 기업은 법정관리를 택해 채무를 탕감하고 자본금을 100 대 1로 감소시켰다. 결국 우리는 투자했던 78억 원 중 몇 억 원 정도를 회수하는 데 그쳤다.

좋은 투자 기회를 얻어 실제 투자(주식 투자)까지 이끌어 냈지만 그 이후 기업을 컨트롤하지 못해 실패한 사례였다. 사실 기업이 작정하고 의도적으로 비위행위를 저지르고 분식회계를 한다면 외부 감사나 전문가의 실사를 통해 알아내는 것은 거의 불가능에 가깝다. 위의 사례에서 국내 최고의 회계 전문가집단인 회계법인이 지정 감사를 통해 두 번이나 '적정' 의견을 표했던 것도 바로 그런 이유에서였다.

다시 돌아와 그렇다면 우리는 그 1억 원으로 주식 투자에 나서야 할까, 아니면 사업을 해야 할까? 나는 이후 투자기관을 퇴직하고 사업에 도전했다. IT 관련 기업을 창업하여 얼마 전 보유 주식의 90%

를 매각하는 M&A 성과를 거두기도 했다. 그렇다면 나의 선택은 사업 쪽에 가까울까? 위 분식회계 사례의 투자담당자였던 나에게 누가 진지하게 물어본다면 담담히 이렇게 대답할 것이다.

"나에게 주어진 선택지가 두 가지라면 저는 주식 투자를 할 것 같습니다. 당시 그 기업의 분식회계 건은 저의 통제 밖에서 벌어진 불행한 기억이지만 사실 주식이 제 통제하에서만 성공한다고 생각하지는 않습니다. 제가 남들보다 뛰어나다는 생각은 착각이었습니다. 저는 그저 평범한 인간일 뿐이죠. 마땅히 리스크를 생각하지 않을 수 없습니다. 사업을 하며 주도적으로 모든 것을 통제해 봤습니다. 그러나 그것 또한 리스크라고 생각합니다. 사업으로 일궈낸 소정의 성과가 제 실력이나 의지, 절박함에 기인했다고 생각하지 않습니다. 그저 운이 좋았을 뿐입니다.

3년 정도 스타트업을 경영하며 물론 성과는 있었지만 너무 많이 늙었어요. 심지어 극심한 스트레스로 자율신경계에 이상이 생겨 횡단보도를 건너다가 넘어진 적도 있었죠. 다시 돌아간다면 언제 찾아올지 모르는 미래의 불확실한 보상과 현재 누릴 수 있는 행복을 교환하고 싶지 않아요. 물론 주식 투자도 별로 하고 싶지는 않아요. 그러나 어차피 사업과 주식 투자의 속성이 유사하고 그중 하나를 선택해야 한다면 저는 분명 주식

36

투자를 택하겠습니다. 제가 하고 싶은 일을 비슷하게라도 먼저 하는 상장기업을 찾아 그 기업의 주식을 사 모으겠다는 것이죠. 그런 기업이 없다면 어쩔 수 없고요."

사업과 주식 투자를 비교하면서 사업의 속성이나 본질을 좀 더 색다른 관점으로 살펴볼 수 있었으리라 생각한다. 아마도 그간 사회에서 들은 내용과는 상당한 괴리를 느꼈을 것이다. 세상은 항상 우리에게 성공하는 사람들의 습관을 배우라고 하고, 1만 시간의 노력이 성공으로 이끈다고 역설했기 때문이다. 그러나 나는 그러한 세상의 외침들은 단지 인간의 '착각'을 이용한 상술에 불과하다고 생각한다. 창업가 본인이 남들과는 뭔가 다르다고 생각하는 것은 자신에 대한 대단한 착각에 기인한다. 노력한 만큼 보상을 받을 수 있다는 생각도 일종의 미신迷信 또는 선민사상選民思想이 아닐까.

성공 방정식 3

우리는
스티브 잡스가 아니다

200년 전으로 거슬러 올라가 보자. 17세기 후반부터 시작된 증기기관과 방적기와 같은 새로운 기계들의 발명은 소비재와 방적업 등의 경공업을 눈부시게 발전시켰다. 숙련공 위주로 생산하던 가내수공업은 이른바 공장으로 대체되어 과거와 비교할 수 없는 대량 생산이 시작됐다. 프리드리히 엥겔스는 이 시기를 산업혁명의 시대라고 구분했다. 18세기 후반에서 19세기 전반에는 백열등이 나왔다. 이 시기에는 플라스틱, 합성고무와 같은 화학제품 그리고 컨베이어 벨트가 고안되었다. 이러한 기술을 바탕으로 전자, 재료공학, 중화학 공업 등이 눈부시게 발전하는데 혹자는 이 시기를 2차 산업혁명으로 구분하기도 한다.

　그리고 2000년에 이르러 비로소 인터넷을 기반으로 한 정보혁명이 시작된다. 제러미 리프킨이 말한 3차 산업혁명이 바로 그것이다. 1차 산업혁명이 약 100년의 기간 동안 서서히 산업의 구조를 바꿔 놓았다면, 이 거대한 3차 산업혁명의 물결은 매우 빠르게 인류의 삶에 침투되었다. 특히 인터넷이 가능한 휴대전화(스마트폰)는 출시된 지 채 10년도 안 되어 인류의 보편적 행동 양식을 송두리째 뒤바꿔 놓았다. 바야흐로 4차 산업혁명의 시대, 즉 AI(인공지능)로 대표되는 시대가 서서히 열리고 있다.

영웅들이 쏟아낸 명언의 홍수에 현혹되지 말자

2010년을 생각해 보자. 이 시기는 2007년 서브프라임 모기지 사태라는 글로벌 금융 위기가 일어난 뒤 그 충격에서 벗어나던 때였다. 각국 정부는 양적 완화를 통해, 무너진 산업과 경기를 부양하려 애썼다. 아이폰3에 환호했던 대중들은 아이폰4의 출시를 기다렸다.

여기서 불과 10년 전으로 거슬러 올라가 보자. 지하철에서 스마트폰으로 원하는 유튜브 영상을 골라 보는 70대 노인을 상상할 수나 있었을까? 출근길에 스마트폰으로 쇠고기 등심을 주문하고 결제까지 완료하고 나서 퇴근 후 집에서 배달받은 신선한 고기로 스테이크를 해 먹는 모습을 과연 상상이나 할 수 있었을까?

10년 동안 많은 영웅이 3차 산업혁명의 물결을 타고 세상에 이름을 알렸다. 아마존 CEO 제프 베조스는 온라인 서점으로 시작해 단순 물품들을 팔다가 지금은 전 세계 유통의 공룡이 되었다. 일론 머스크의 관심은 이미 페이팔, 테슬라를 넘어 파괴적 운송 혁신과 우주를 향해 있다. 마크 저커버그의 페이스북은 얼마 전 약 60억 달러(2020년 8월 기준 환율 적용 약 7조 1,500억 원)의 2020년 2분기 영업이익을 공시했다. 대부분이 광고 매출이다. 이 기업의 시가총액은 현재 6,100억 달러(약 730조 원)다. 참고로 세계 1위의 메모리반도체와 세계 최고 수준의 가전제품을 판매하는 삼성전자의 시가총액은 현재 약 340조 원이다. 나스닥과 코스피의 시장 간 밸류에이션 차이를 감안하더라도 실로 엄청난 격차다.

현재 전 세계에서 가장 비싼 기업의 시가총액은 약 1조 8천억 달러(약 2,200조 원)에 이른다. 삼성전자 시가총액의 약 6.5배에 달하는 그 기업은 바로 스티브 잡스의 애플이다. 난 금융인 출신답게 이곳에 과거 20년의 애플 주가 수준을 그려 넣어 시기별 모멘텀과 주가 흐름을 분석해 놓고 싶지만 굳이 그럴 필요가 없다. 애플, 그 이름 하나로 우리의 머릿속에는 이미 우상향의 아름다운 차트 모양이 연상되기 때문이다. 페이스북도, 아마존도 그리고 쿠팡도 애플리케이션 형태로 모두 이 스마트폰 디바이스를 통해 폭발적 성장을 거듭했다. 애플이 스마트폰 혁명을 일으키지 않았더라면 마크 저커버그가 PC 기반 페이스북만으로 730조 원의 기업을 일궈낼 수 있었을까? 성공했을지라도 시가총액은 매우 제한적인 수준에 그쳤을 것이다. 전 세계 많은 스타트업 사업가들이 스티브 잡스를 동경하며 그를 기업가 정신의 교본으로 삼는 이유다.

"여러분의 시간은 제한적입니다. 그러니 다른 사람의 삶을 사느라 시간을 낭비하지 마세요. 다른 사람들의 시끄러운 의견 때문에 여러분 마음속의 소리를 덮지 마세요. 무엇보다 중요한 것은 여러분의 마음과 직관을 따를 용기를 가져야 한다는 것입니다(Your time is limited, so don't waste it living someone else's life. Don't let the noise of others' opinions drown

out your own inner voice. And most important, have the
courage to follow your heart and intuition)."

스티브 잡스가 스탠퍼드 대학교 졸업식에서 했던 명연설 중 한 대
목이다. 한 시대의 패러다임을 바꿔버린 천재 사업가이자 혁명가인
그가 세계 최고의 엘리트들에게 멋들어지게 호소했던 그 장면은 전
세계 많은 젊은이의 가슴을 흔들었다. 돈 때문에 다른 사람 밑에서
일하지 말고, 좋아하지도 않는 일을 하지 말고, 머리가 아닌 가슴이
이끄는 곳으로 가라는 그의 격려는 전 세계 많은 예비 사업가들의 심
장에 불을 지폈다.

스티브 잡스와 마찬가지로 국내에도 부의 대물림 없이 창업하여
엄청난 부를 거머쥔 인물들이 있다. 웅진의 윤석금이나 STX의 강덕
수처럼 역사의 뒤안길로 사라진 신화적인 인물도 있지만, 현시대를
사는 미래에셋의 박현주와 셀트리온의 서정진, 카카오의 김범수, 게
임업계의 김정주와 김택진은 지난 20년 동안 창업의 신화를 만들었
고 지금도 써 나가는 중이다.

이들 중 셀트리온의 서정진은 꽤 많이 강연하면서 대중과 열심
히 소통하고 있다. 기억나는 서정진의 강연 영상이 하나 있다. 서정
진은 청중 중 한 참가자를 무대 위로 불러 내 이런 질의응답을 한다.
(1957년생 서정진은 건국대학교를 졸업하고 IMF 사태로 대우그룹을 퇴직했다.
그 후 그는 40대 초반의 나이에 셀트리온을 창업하여 20여 년 만에 셀트리온을

시가총액 40조 원이라는 위대한 기업으로 일궈냈다.)

> "회사 어디 다니세요? 삼성화재요? 나보다 낫네. 그럼 나이는
> 몇 살이세요? 39세요? 나보다 낫네. 학교는 어디 나왔어요? 고
> 려대학교요? 나보다 낫네. 여러분, 여러분은 이분을 기억해야
> 합니다. 이분은 10년 후 위대한 기업가가 되어 있을 것입니다.
> 위기인지 기회인지 따지지 마세요. 실패요? 다시 도전하면 되
> 는데 뭐가 걱정입니까?"

이제는 스타트업의 교과서가 되어버린 스티브 잡스의 명언들뿐
아니라 서정진과 같은 여러 위대한 기업가들의 도전, 인생, 창의, 기
업가 정신에 대한 이러한 발언 역시 많은 사람들에게 동기부여를 한
다. 그리고 대중은 이런 기업가들의 도전 정신을 절대적 기준 또는
선善으로 여긴다. 위대한 기업가들의 말을 되새기며 무기력했던 자기
자신을 자극하려고 한다. 그들을 닮으려 하고 때로 그렇게 하지 못하
고 있는 자신을 채찍질하기도 한다.

그러나 지난 10년 동안 자수성가한 기업가들이 쏟아낸 '명언의 홍
수'는 동기부여를 넘어 '도전하지 않으면 무능한 것'이라는 사회적
인식을 낳기도 하였다. '유능한 인재는 회사에서 나가고 결국 무능한
사람들만 회사에 남는다.'라는 통념이 바로 그것이다.

대기업 금융회사에서 10년 넘게 관찰한 나의 주관으로 판단하건

각국의 창업 5년 차 생존율

OECD 평균	프랑스	영국	이탈리아	스페인	독일	핀란드
41.7%	48.2%	43.6%	41.8%	39.7%	38.6%	38.5%

출처: 산업통상자원부 중소벤처기업위원회 김규환 의원(2019년 10월)

위 표에서 확인할 수 있는 바와 같이 우리나라 창업기업의 생존율은 다른 국가들의 생존율보다 10% 이상 낮다. 이 차이는 창업의 구조적 측면에서 기인한다. 즉 창업은 기술을 기반으로 한 창업과 생계형 창업으로 나눌 수 있는데, 당연히 기술 기반 창업의 생존율이 높다. 국내 생계형 창업, 즉 자영업과 크게 다르지 않은 창업 비율이 전체 창업기업에서 무려 23.9%에 이른다. 창업기업 네 곳 중 한 곳은 자영업과 같은 모습의 창업이다. 그러나 미국의 경우 이 비율이 11.4%이고, 영국은 13.5%에 그친다. 결국 이러한 구조적 차이를 고려해 본다면 위의 선진국들과 대한민국 창업기업의 5년 차 생존율은

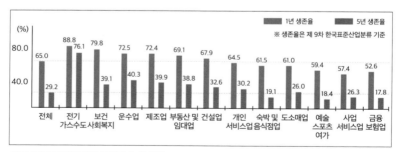

신생기업 생존율

출처: 2018년 기업생멸 행정통계, 통계청

46

크게 다르지 않다고 추정할 수 있다. 그러나 5년 차에 생존한 29.2%에는 이른바 좀비기업도 있고, 사업을 영위하지 않음에도 폐업(청산)하지 않은 기업도 상당수 있다는 것은 국내외를 막론하고 널리 알려진 사실이다. 한 스타트업 사례를 살펴보자.

4차 산업혁명이 널리 알려지면서 부각된 분야가 웨어러블 헬스케어wearable healthcare다. 이 벤처기업은 헬스케어 스마트 밴드를 개발했다. 신체 리듬과 밸런스를 정확하게 측정할 수 있을 정도로 기술 면에서 뛰어났다. 국내 대학병원에서의 임상시험 결과도 이를 뒷받침했다. 가격 역시 기존 제품에 비해 저렴했다.

그러나 뛰어난 정확도에도 불구하고 소비자들은 이 제품을 외면했다. 이 웨어러블 디바이스를 헬스케어 용도로 만들다 보니 시간을 알아볼 수 있는 디스플레이와 GPS 기능이 없었기 때문이다. 단지 신체 지표에 대한 '측정'만이 정확한 밴드였다. 그사이 애플, 갤럭시, 핏빗을 포함한 수많은 제조사가 스마트워치에 헬스케어 기능을 강화하여 시장에 제품들을 쏟아냈다. 전략과 타이밍의 완벽한 실패였다.

접촉했던 모든 벤처캐피털은 투자를 거부했다. 인체에 가장 도움이 되는 좋은 디바이스를 만들고자 했던 이 스타트업의 대표이사와 엔지니어들은 급여 체납이 수개월째 지속되자 직원들을 내보냈다. 그리고 본업과는 전혀 상관없는 정부 과제로 하루하루 연명하며 시간을 보냈다.

우수한 기술력을 가진 훌륭한 공학도가 창업한 벤처기업이었음에도 불구하고 이른바 좀비기업으로 전락한 사례다. 영어 좀비^{zombie}에서 유래한 좀비기업은 회생할 가능성이 거의 없음에도 불구하고 청산하지 않고 정부 등의 지원으로 연명해 나가는 기업을 일컫는다. 한계기업이라고도 한다.

그런데 벤처기업이란 도대체 뭘까? 창업 후 스타트업이 벤처기업이 되려면 정부의 확인(인증) 절차가 필요하다. 즉, 기술보증기금과 같은 국가 기관을 통해 차입하는 경우 또는 벤처캐피털을 통해 투자자금을 유치하는 경우, 일정한 기술성 평가를 통해 벤처기업으로 등록된다. 벤처기업 등록 절차의 문턱은 높지 않은 편이다. 어느 기업이 벤처기업 인증을 받았다면 그것은 해당 기업의 기술적, 사업적 역량에 대한 1차적 검증이 완료됐다는 의미 정도로 보면 된다. 벤처기업 인증을 받았다고 해서 그 기업의 성공을 장담할 수 있는 것은 아니다. 중소벤처기업부에 의하면 2019년 기준 88.8%의 벤처기업이 기술평가를 통해 국가의 대출 또는 보증 과정에서 벤처기업으로 등록됐다.

스타트업의 성공 기준에 대해 생각해 보자. 기업의 가치를 단순히 재무적 관점으로만 볼 수는 없다. 기업은 고용을 창출하고, 여러 이해관계자^{stakeholders}와 연결되어 있기 때문이다. 최근 사회적 가치를 실현하기 위해 창업하는 기업도 많아졌다. 그러나 근본적으로 주식회사의 전통적 이념은 '주주가치 극대화'다. 즉 회사에 더 많은 이익을 발생시켜 주주에게 더 많이 배당하는 것이 과거부터 이어진 주식회사의 근본 가치라고 볼 수 있다.

재무적 관점에서 스타트업의 성공 기준을 따질 때 대표적인 기준은 기업을 성장시켜 기업공개 또는 M&A를 성공시켰는지로 볼 수 있다. 그러나 기업공개와 M&A에 성공한 벤처기업은 한 해 손에 꼽을 정도이므로 그 기준을 더 낮춰서 살펴보자. 매출액, 영업이익 등 손익계산서의 성과로 그 기준을 판단해 보면 어떨까? 그러나 절대적 매출액 규모만으로 한 기업가의 성공을 논하기는 어렵다. 도매업을 하는 기업은 매출액이 크더라도 이익이 없을 수 있고, 성장 잠재력이 높은 IT나 바이오 벤처기업은 매출액이 없지만 기업 가치가 클 수 있기 때문이다. 따라서 영업이익으로 절대적 성공의 기준을 잡기에는 모호하다. 과거 기업공개의 최저 기준인 '당기순이익 20억 원 이상'으로 본다면 설득력이 있겠지만 앞서 언급했듯 그런 벤처기업은 손에 꼽을 정도다. 최근 화두가 되는 유니콘(기업 가치 1조 원 이상)과 예비 유니콘으로 불리는 기업 중 적자인 기업도 많다.

나중에 자세히 설명하겠지만 난 이 책을 통해 스타트업의 영업활동과 현금흐름을 강조할 것이다. 즉, 벤처캐피털의 투자가 없어도 생존할 수 있는 스타트업이 되어야 한다. 그렇지만 초기 기업은 십중팔구 자금난에 시달릴 수밖에 없고 대부분의 스타트업은 담보와 신용이 부족해서 시중 은행에서 차입하기도 어렵다. 그래서 스타트업 창업가들은 1차 성공 기준을 '벤처캐피털을 통한 투자 유치'로 생각하는 경향이 있다. 투자 유치는 회계상 기업의 자기자본이 증가하는 극히 단순한 과정이지만 대다수 스타트업 창업가들은 이러한 투자 유치를 중요한 성공 지표로 여긴다. 투자 유치에 성공했다고 하더라도 그 기업이 기업공개나 M&A에 성공할 것이라는 보장은 전혀 없는데도 말이다. 그것은 단지 인건비와 마케팅비, 연구개발비에 현금을 지출할 수 있게 되어 좀 더 지속 가능한 기업이 됐다는 의미에 불과하다. 그럼에도 스타트업 창업가들이 투자 유치를 중요한 성공 기준으로 보는 이유는 다음과 같다.

벤처캐피털로부터 벤처기업이 투자를 유치한 경험(2019년)

구분		기업 수(개)	예(%)	아니오(%)
업종	**첨단제조** 에너지, 화학, 정밀	2,676	12.9	87.1
	의료, 제약	1,082	21.9	78.1
	컴퓨터, 반도체, 전자부품	3,273	9.5	90.5
	통신기기, 방송기기	1,216	14.6	85.4
	일반제조 기계, 자동차, 금속	5,573	3.8	96.2
	음식료, 섬유, 비금속, 기타 제조	6,465	4.1	95.9
	첨단 서비스 소프트웨어 개발, IT기반 서비스	4,088	11.6	88.4
	정보통신, 방송 서비스	2,423	11.3	88.7
	일반 서비스 도소매, 연구개발 서비스, 기타 서비스	3,764	11.2	88.8
	기타 소계	758	2.4	97.6
전체		31,318	8.7	91.3

출처: 중소벤처기업부(2020년 7월)

2019년 기준 전체 31,318개의 벤처기업에는 초기 스타트업부터 십수 년 차의 중견기업까지 다양하게 구성되어 있다. 전체 벤처기업 중 투자 유치가 있었던 기업은 8.7%에 불과했다. 물론 영업활동으로 인한 현금 창출력이 매우 우수하여 외부에서 자금을 유치할 필요가 없던 기업도 있었을 것이다. 그러나 첨단 제조(의료 등), 첨단 서비스(IT 등) 분야에 창업 스타트업이 집중되고 있고, 이 분야에 속한 기업의 기업공개 시 주주명부에 벤처캐피털이 없는 경우가 드문 현실을 고려할 때, 투자 유치를 받은 기업이 8.7%에 불과한 점은 의미 있게 살펴볼 만하다. 100개 스타트업 중 90곳이 투자받지 못한 것이다.

앞서 우후죽순 양산되는 창업 현실에서 제도의 개선이나 자금 지원은 제한적일 수밖에 없어서 창업 5년 차 생존율이 향후에도 개선되기 어렵다고 했는데, 벤처캐피털로부터 자금을 유치하는 부분에서도 마찬가지다. 대부분의 벤처캐피털은 중소벤처기업부의 예산(모태펀드)으로 재원을 마련해 벤처기업에 투자하지만, 벤처캐피털에 투입하는 정부 예산의 증가 속도가 스타트업 창업 증가로 인한 자금 수요를 따라잡을 수 있을지 의문이다. 8.7%에서 더 개선될 가능성은 낮아 보인다.

시행착오를 최소화하는 것이 관건

흔히 인간은 착각錯覺의 동물이라고 한다. 꽤 오래전에 EBS에서 방영한 다큐프라임 〈인간의 두 얼굴〉을 기억하는 독자가 있을 것이다. 가볍게 기획된 이 프로그램은 다양한 실험을 통해 인간의 착각을 여러 측면에서 보여 주고 긍정적 측면도 함께 부각했다.

이 프로그램에서 첫 번째 사례로 든 것은 과거 LA 폭동의 도화선이 된 두순자 사건이다. 두순자라는 한인 여성은 LA에서 슈퍼마켓을 경영하고 있었다. 그녀는 과거에 이 가게에서 여러 번 흑인들에게 시달림을 당했다. 어느 날 두순자 씨는 음료수를 사러 온 평범한 흑인 소녀가 주스를 백팩에 넣는 것을 보고 절도를 의심한다. 소녀는 주스 값으로 낼 지폐를 손에 들고 있었지만 두순자 씨는 보지 못했다. 실랑이 끝에 그 소녀의 뒤통수에 권총을 발사하여 살해한다. 판결문에는 이렇게 기록되어 있다. "그것은 착각이었다. 그동안 흑인 강도가 많았기 때문에 피고가 착각할 가능성이 크다고 판단된다." 그리하여 500달러 벌금과 5년의 보호관찰 처분으로 끝난 이 사건은 결국 LA 흑인 폭동으로 이어져 수많은 한인 상점들이 불타고 약탈당한다. 결정적 순간의 단순한 착각이 엄청난 파급효과를 가져올 수 있다는 사례였다.

'보고 싶은 것만 보고 믿고 싶은 것만 믿는 것'은 인간의 착각 유형 중 하나다. 해당 프로그램은 우리가 하는 심리테스트, 운세, 사주 등도 이 인간의 착각을 이용한 것이라고 했다.

되돌아보면 나는 엄청난 착각과 함께 창업했다. 오래 다녔던 한 직장에서 나의 성과를 좋게 평가했고 그래서 남들보다 빨리 승진했을 것이라고 나는 뿌듯해했다. 그러나 사업을 그만둔 후 하나하나 생각해 보면 그것은 착각에 불과했다. 많은 대기업에서 일을 잘해 보이는 직원이 그렇듯 나의 성과도 수행한 일을 잘 '포장'했던 것뿐이었다. 또한 착각을 넘어 거의 망상 수준이지만, 스티브 잡스의 전기를 읽으며 이 사람과 나 사이에는 무언가 공통점이 있다고 생각한 적이 많다. 인터넷에 떠도는 '성공하는 사람들의 50가지 습관' 같은 글을 읽을 때마다 어쩌면 이렇게 내 성향과 똑같은지, '난 성공할 수밖에 없는 운명적인 사업가'라고 생각했다. 그래서 사업이란 것의 본질을 알지도 못하고, 철저한 시장 조사나 관계자 인터뷰도 생략하고, 내가 뛰어드는 이 '업業'의 구축과 개발 과정, 인력 구성에 대한 제대로 된 조사도 없이 그저 '내 마음이 움직이는 곳'으로 뛰어들었다.

시중의 경영이나 창업 관련 책들을 보면 대부분 '가장 먼저 움직여서 가장 빨리agile 시도해 본 후 시행착오를 겪어 다시 도전하라'고 말한다. 하지만 지금의 나는 그렇게 생각하지 않는다. 막상 겪어 보니 이 말은 부분적으로 맞기도 하지만 틀리다. 뭔가를 두려움 없이 시도한다는 것은 의미가 있다. 하고 싶은 걸 참고 살기에는 인생이 너무 짧기 때문이다. 그러나 무모한 시도는 지양해야 한다. 마치 나뭇가지에 걸린 니트의 올처럼 자칫 돌이킬 수 없는 깊은 수렁으로 빠질 수 있기 때문이다. 이 경우 상처는 생각보다 크다.

최대한 빨리 집중적으로 준비와 학습을 해야 한다. 단순하게 책상에 앉아 인터넷 검색만 할 게 아니라 현장 관계자들을 통해 그 사업과 업의 본질에 대해 꼼꼼히 파악해 둬야 한다. 불필요한 시행착오를 겪는 동안 이미 자본과 인력은 우리 곁을 떠나고 있으며 경쟁자는 그만큼 멀어져 있다.

내 주변에는 투자를 받았든 받지 않았든 여러 분야의 스타트업 창업가들이 있다. 그들 모두 오늘도 거센 모래바람 속에 하루하루 광야를 걸으며 저 먼 가나안 땅을 향해 전진하는 중이다. 우리 모두에게는 좀 더 철저한 준비를 통해 사업을 시작했어야 한다는 일말의 아쉬움이 진하게 남아 있다. 사업 초기 시행착오를 겪으며 시간과 돈을 낭비하는 소위 '삽질'을 줄였더라면 정말 말마따나 우리 중 하나는 스티브 잡스나 서정진이 됐으리라 생각한다.

성공 방정식 4

원래부터
세상은 공정하지 않다

간은 스스로 세상을 공정하다고 착각하기 때문에 불공정한 현상과 마주하면 분노한다는 것이다.

스타트업 창업 세계도 기울어진 운동장이다

스타트업의 세계는 어떨까? 스타트업 창업가들은 다양한 부류로 나뉜다. 나처럼 평범하게 회사에 다니다가 창업한 사람, 애초에 월급 쟁이는 관심도 없었기 때문에 20대의 젊은 나이일 때부터 창업으로 돈벌이를 시작한 사람, 소규모의 유통을 하다가 규모가 커지자 본격 적으로 주식회사를 설립한 사람, 의사나 변호사 등의 전문직을 관두 고 창업한 사람 등 다양한 배경의 창업가들이 존재한다.

앞서 스타트업의 속성상 자본이 제한적이므로 벤처캐피털로부터 투자 유치가 상당히 중요하다고 언급했다. 심지어 실제 사업의 성공 과는 무관함에도 스타트업 기업가들은 성공의 1차 기준을 '투자 유 치 여부'로 보기도 한다고 지적했다. 2019년 7월, 중앙일보는 국내 IT 업계에서 큰 영향력을 행사하는 네이버, 카카오벤처스, 소프트뱅 크벤처스 이 세 기관이 2018년부터 2019년 상반기까지 어떤 투자 를 했는지 또 이들이 투자한 스타트업의 CEO는 어느 대학을 졸업했 는지에 대해 조사했다. 더불어 2016년 미국의 시장정보업체 피치북 Pitchbook에서 조사한 투자 유치에 성공한 스타트업 창업가들의 출신 대학 상황에 대해서도 살펴보자.

펀딩에 성공한 스타트업 창업자 출신 학교(한국)

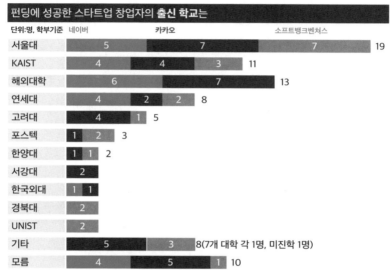

펀딩에 성공한 스타트업 창업자의 출신 학교는

단위:명, 학부기준   네이버   카카오   소프트뱅크벤처스

학교	네이버	카카오	소프트뱅크벤처스	합계
서울대	5	7	7	19
KAIST	4	4	3	11
해외대학	6	7		13
연세대	4	2	2	8
고려대	4	1		5
포스텍	1	2		3
한양대	1	1		2
서강대	2			
한국외대	1	1		
경북대	2			
UNIST	2			
기타	5	3		8(7개 대학 각 1명, 미진학 1명)
모름	4	5	1	10

출처: 중앙일보(2019년)

펀딩에 성공한 스타트업 창업자 출신 학교(미국)

순위	대학교	창업가 수(명)	창업기업 수(개)	피투자금액
1	스탠퍼드 대학교	1,006	850	$18,146
2	UC 버클리	997	881	$14,239
3	MIT	813	695	$12,874
4	하버드 대학교	762	673	$17,204
5	펜실베이니아 대학교	724	648	$9,475
6	코넬 대학교	635	585	$10,777
7	미시간 대학교	607	546	$7,767
8	텍사스 대학교	561	511	$4,763
9	텔 아비브 대학교	515	429	$5,101
10	일리노이 대학교	451	415	$5,462

출처: 피치북(2016년)

2015년 미국의 엔젤 투자자 퍼스트라운드보고서는 약 10년에 걸친 추적을 통해 성공한 스타트업과 실패한 스타트업의 공통점을 분석했다. 이 분석 결과가 단지 이 투자기관의 주관적인 인사이트에 불과하다고 치부해 버릴 수도 있겠지만 M&A와 기업공개를 주관하며 여러 성공한 CEO들의 성공 과정을 관찰한 내 경험에 비춰볼 때 그 의미가 절대 적지 않다.

성공 혹은 실패한 창업가들의 공통점

성공 공통점	실패 공통점
1. 명문대 출신 2. 대기업 출신 3. 25세 이하에 창업 4. 여성 창업 멤버가 포함됨	1인 창업

출처: 퍼스트라운드보고서(2015년)

현실을 적나라하게 보여 주는 이러한 통계들이 스타트업 창업가들에게 불공정하게 느껴질 수 있다. 유수의 대학 출신들이 대기업 직원의 상당수를 차지하는 게 현실이고, 그들이 창업했을 때 투자 유치마저도 분명 유리한 지위를 점하는 현실을 불공정하게 느끼는 것은 충분히 이해할 수 있다. 반면에 남들보다 열심히 노력하여 명문대에 입학한 그들에게는 충분히 혜택을 누릴 자격이 있고, 성실히 공부한 만큼 열심히 경영할 확률이 높으므로 성공 확률이 높다고 고개를 끄덕이는 사람도 있을 것이다. 분명한 점은 성공을 향해 가는 과정이 모두 같지는 않다는 것이다.

비슷비슷한 출발선에서 모두 함께 자전거 페달을 힘차게 밟으며 앞으로 나아간다. 얼마 안 가 이들 중 일부는 점점 의지가 약해진다. 그 과정에서 하나둘 지쳐 쓰러진다. 남은 자들은 여전히 페달을 열심히 밟는다. 그러나 이내 곧 경기 주최 측은 그들 중 소수를 골라 더 좋은 타이어로, 더 좋은 체인으로 교체해 준다. 심지어 자전거를 통째로 교체해 주거나 모터를 달아 주기도 한다. 그 혜택을 받지 못한 자들은 처절한 절박함으로 찢어진 타이어와 덜컥거리는 체인을 돌리며 눈물겹게 그리고 처절하게 페달을 밟으며 앞으로 나아갈 수밖에 없다. 그러나 스타트업 창업가들이 느끼는 불공정은 단지 이러한 자금 조달에만 그치지 않는다. 스타트업을 경영하다 보면 열심히 노력한다고 해도 해결되지 않는 것들이 너무나도 많다. 2020년 중소벤처기업부는 국내 36,095 벤처기업을 대상으로 경영하면서 어려운 점을 조사했다.

국내 벤처기업 경영 애로 사항(상위 응답률 순)

자금 조달 및 관리	국내 판로 개척	필요 인력 확보·유지	해외 시장 개척	기술의 사업화
56.2%	54.7%	54.0%	53.3%	51.1%
신기술 개발	과다 경쟁 및 덤핑	법률 및 회계지식 부족	각종 규제	기술 유출 및 도용 문제
44.0%	38.6%	33.5%	30.6%	28.0%
조직 관리	불공정한 시장 질서	환율 변동	산·학 간 협력	특허 분쟁
26.9%	26.3%	24.0%	22.4%	18.8%

출처: 중소벤처기업부(2020년 7월)

대기업, 중견기업, 외국인투자기업(외투기업)과는 달리 스타트업은 자금 조달이나 각종 규제 외에도 특히 채용(인력 확보)과 마케팅(국내외 판로 개척)에서 어려움을 겪는다. 누군가는 자금 조달, 인력 확보, 판로 개척 중 하나만 해결되면 나머지도 자연스럽게 해결될 거라고 생각할 수 있겠지만 생각보다 쉽지 않다. 아무리 열심히 노력해도 좀처럼 풀리지 않는다. 그래서 스타트업 초기의 기업가는 극한 스트레스에 시달릴 수밖에 없으며, 국외와 달리 국가의 스타트업 지원이 공정하지 않다며 세상을 원망하기도 한다.

불평하느라 에너지를 낭비하지 말자

얼마 전 우리는 타다의 이재웅이 정부와 대립했던 때를 기억한다. 2000년대 초반 화려한 벤처기업가이자 많은 젊은이의 영웅이었던 그의 얼굴은 알아보기 어려울 정도로 일그러져 있었다. 우리는 심심찮게 언론을 통해 "우리나라에는 규제가 너무 많아요."와 같은 기업들의 외침을 듣는다. 이들은 하나같이 해외의 사례와 비교한다. 해외에서는 자유롭게 허용된 서비스나 제품을 왜 국내에서는 규제하느냐고 하소연한다. 국내의 제도나 규제가 다른 나라에 비해 공정하지 않다고 호소한다.

소비자에게 제공하는 서비스나 제품이 국가의 규제를 없애야 할 정도로 사회적인 순기능이 있는지, 그것이 국가적으로 최대다수의 최대행복을 지향하는지, 또는 국가 산업에 영향력을 미칠 만한 파괴적 혁신인지에 대한 점은 우선 논외로 하고 생각해 보자. 타다의 전문경영인은 눈물을 흘리며 호소했고 이재웅은 매일매일 정부와 대립각을 세우며 뜻을 굽히지 않았다. 정부의 절충안과 여러 사회적 대안이 몇 개월에 걸쳐 도출됐지만, 협상은 무산됐다. 타다는 결국 그렇게 사업을 접었다. 타다의 기사들은 일자리를 잃었으며 카니발은 매각됐다.

대한민국의 유니콘, 토스의 사례를 보자. 그전에 먼저 상환전환우선주식, 즉 RCPS^{redeemable convertible preferred stock}부터 이해해 보자. RCPS에 관해서는 이 책 후반부, 스타트업의 투자 유치 챕터에서 자세히 설명하겠다. 간략히 말하면 RCPS는 주식이긴 하지만 일반 주식과는 다르게 주주가 회사에 투자금액 상환^{redeemable}을 요구(이자까지 더해서)할 수 있고, 보통주주보다 우선적^{preferred}으로 배당받을 수 있으며, 일정 조건하에서 1개의 우선주식을 X개의 보통주식으로 전환^{convertible}할 수 있다. 그리고 많은 국가의 상법에서 이러한 여러 종류의 주식을 허용하기 때문에 대부분 투자자들은 RCPS의 형태로 기업에 투자한다.

문제는 'R', 즉 상환권이다. 투자자는 일정한 기간을 두고 계약 조건이 충족되지 않으면 기업에 투자금의 상환을 요구할 수 있다. 우리는 삼성전자의 주식을 매수한 후 2년이 지난 시점에 -20% 손실이 발생했으니 원금에 이자까지 포함해서 상환하라고 삼성전자에 요구할 수 없다. 그러나 이 'R'이 들어간 주식을 보유한 주주는 그렇게 할 수 있다. 이 'R' 때문에 RCPS는 국내의 상장기업들에 적용하는 회계기준K-IFRS상 자본이 아닌 부채로 인식된다. 즉 RCPS를 보유한 주주는 상환을 청구할 수 있는 채권자나 다를 바 없다는 뜻이다. 그러나 은행 등의 금융권은 무엇보다 재무건전성이 중요하다. 우리는 2008년 미국의 리먼브라더스의 파산이 불러온 세계 경제 공황을 기억한다. 그만큼 금융권의 파산은 엄청난 후폭풍을 가져올 수 있다.

토스는 2013년 법인 설립 후 2019년까지 국내외 투자자들에게 약 3천억 원의 대규모 RCPS 투자를 받았다. 그리고 2019년 3월 정부에 본격적으로 인터넷전문은행 예비인가 신청을 했다. 그러나 정부는 기준 미달로 탈락시켰다. 이 'R'이 토스의 재무건전성을 악화시킬 수 있다는 이유에서다. RCPS의 속성을 아는 사람들이 보면 충분히 금융감독원의 결정을 이해할 수 있다. 그러나 토스의 이승건 대표는 "사업 철회를 검토하겠다."고 예민하게 반응하며 금융감독원의 결정에 반발했다(한국일보, 2019년 9월 20일자).

이때에도 마찬가지로 스타트업 참여자들 사이에서 대한민국의 규제와 불공정에 대한 이슈가 있었다. 왜 대한민국의 앞날이 창창한 스타트업을 죽이느냐는 여론도 있었다. 그러나 이승건 대표는 영리했으며 현명했다. 2019년 11월 투자자들을 설득하여 RCPS(상환전환우선주)를 CPS(전환우선주)로 재계약하는 데 성공했다. 결과적으로 보면

3천억 원에 달하는 막대한 채무에 대한 상환의무가 없어졌으니 오히려 정부의 규제가 토스에는 상당한 이득이 된 셈이다. 또한 투자자의 관점에서도 상환권을 포기하는 대신 투자 기업의 더 큰 성장을 기대할 수 있었다. 2019년 12월, 결국 토스는 인터넷전문은행 예비인가를 받았다. 야마구치 슈는 앞서 소개한 책에서 이런 말을 했다.

> "세상은 결코 공정하지 않다. 그러한 세상에서 한층 더 공정한
> 세상을 목표로 싸워 나가는 일이 바로 우리의 책임이자 의무다."

이 방법 외에는 없다. 반복해서 말하지만 나는 이 책을 읽는 누구든 얼마나 훌륭한 재원을 들고 있든 간에 가급적 창업하지 않기를 희망한다. 그러나 만약 나도 모르게 스타트업을 시작했다면 어쩔 수 없다. 뭐가 됐든 끊임없이 기름을 붓고 맹렬히 태워 끝내 장렬히 산화하겠다는 마음으로 달려드는 것 외에는 방법이 없다. 위대한 기업의 성공 전략이랍시고 떠들어대는 세상의 다양한 방법론을 따르는 것은 오히려 파멸로 가는 지름길이다. 성공한 기업들은 거친 투쟁 속에서 그 나름대로 방법론을 찾았다. 스타트업을 고군분투하며 시작한 그 길에서 조금만 더 앞으로 나아가면 무수히 많은 시체가 널브러져 있는 광경을 목격하게 될 것이다. 불공정이라고, 차별 또는 역차별이라고 분노하며 에너지를 낭비하지 말자. 세상은 원래 공정하지 않다고 받아들이며 정면으로 부딪치는 편이 낫다.

이왕 시작했으니 좌절하지 않고 망설이지 말자. 서울예전 출신으로 수천억 원의 자산가가 된 배달의민족 설립자 김봉진(1976년생)과 인천의 어느 전문대 출신의 스타일난다의 김소희(1983년생)도 그리고 43세에 창업한 셀트리온의 서정진(1957년생)도 마찬가지로 그 모든 과정을 거치며 당신이 걷고 있는 또는 걸으려 하는 그 거친 길을 걸어왔다.

성공 방정식 5

잘 모르는 영역에
도전해도 될까

"사람들은 그대의 머리 위로 뛰어다니고 그대는 방 한구석에
앉아 쉽게 인생을 얘기하려 한다."

1992년 어느 날, 갑자기 세상에 나와 대한민국 주류 음악을 뒤집
어 놓은 20세의 서태지는 이렇게 노래했다. 그는 '환상 속의 그대'를
통해 그의 다른 노래와는 다르게 매우 직설적으로 말했다. '생각이나
환상에만 사로잡혀 있지 말고 현실 속에서 부딪혀 보라'고. 창업가
들은 실제로 망상이나 환상을 품고 사업을 많이들 시작한다. 그리
고 그 환상이 깨지는 데 그리 오랜 시간이 걸리지 않는다. 성공이 망
상이나 환상으로 끝나지 않고 실패할 확률을 줄이는 사업을 하려면
어떻게 해야 할까? 시행착오를 줄일 '사업 영역'이 존재할까?

스티브 잡스는 사업 영역을 딱히 구분하지 않았다. 그저 '마음이
움직이는 곳'으로 가라고 했다. 그에게 사업에 대한 동기부여는 '이
상에 대한 추구'임이 분명했다. 스티브 잡스가 당시 마케팅의 귀재였
던 펩시콜라 사장 존 스컬리를 영입하며 그의 마음을 움직였던 말은
여전히 많은 사람에게 '채용의 기술'과 관련하여 회자된다. "설탕물
이나 팔면서 남은 인생을 보내고 싶습니까? 아니면 세상을 바꿀 기
회를 붙잡고 싶습니까?" 펩시콜라와 당시 애플의 매킨토시를 비교

한 오만한 질문이었다. 그러나 조직 논리에 매몰되어 월급과 조직의 성과에만 초점을 뒀던 한 인간의 직업관은 스티브 잡스의 그 질문을 통해 바뀌게 된다. 일을 통한 '자아실현'이라는 기본적 동기부여가 존 스컬리의 마음을 움직였다. 이렇듯 인간에게는 기본적으로 자아실현의 욕구와 현재보다 더 나은 이상을 추구하려는 충동이 있다. 인류가 진보를 거듭하여 동시대의 풍요를 이뤄낸 것이 이를 방증한다.

잘 아는 영역에서 사업을 시작해야 하는 이유

많은 창업가는 스티브 잡스처럼 이상적인 세계를 그리며 사업을 시작한다. 이러한 유형의 기업가들을 창업으로 이끄는 동인動因은 현상태에 대한 불만과 혁신을 통한 자아실현이다. 이와는 다르게 월급쟁이의 한계를 극복하고자 창업을 선택하는 사람들도 많다. 이들은 자아실현이나 이상에 대한 추구보다는 축적해 놓은 경험이나 지식을 통해 잘 알고 있는 영역에서 새로운 기회를 모색한다. 그래서 이들은 '봉급보다 나은 수입' 그리고 '퇴직이라는 한계의 극복'을 먼저 추구하는 경향이 있다. 물론 순수하게 부자가 되기 위해, 즉 '탐욕'에 주로 기반하여 사업을 하는 사람들도 적지 않다. 부동산임대업자나 주식 투자자와 같이 재화나 용역을 제공하지 않고 자본 그 자체로 사업하는 사람들이 바로 그들이다. 이러한 탐욕을 기반으로 한 창업가는 우선 논외로 하고, '이미 잘 알고 있는 영역'을 기반으로 창업하는 부류에 대해 먼저 생각해 보자.

이미 잘 알고 있는 영역을 기반으로 창업하는 형태가 가장 흔하다. 네이버의 프로그래밍 엔지니어 출신이라면 네이버가 제공하는 여러 서비스 중 하나와 연관된 사업을 할 가능성이 크고, 삼성전자 반도체 사업부의 구매팀 출신이라면 삼성전자의 협력업체(1~X차벤더 등)들과 유사한 형태의 사업을 구상할 수 있다. 이런 유형의 창업가들에게는 해당 산업과 가치사슬, 소비자와 생산자의 메커니즘에 대해 풍부한 지식과 경험이 있다. 그러나 이들에게 고민이 없는 것은 아니다. 이들은 경험적으로 이 영역의 '한계' 또한 명확히 알고 있기 때문이다. 결국 이러한 유형의 사업은 기존 영역의 한계를 극복하여 더 나은 '가치'를 창조하는 데에 그 목적이 있다. 이런 유형의 사업가들에게는 기존 세상에 없던 제품이나 소비를 창출하여 신시장을 개척하려는 목적은 잘 보이지 않는다.

경험이 풍부한 영역에서 사업을 시작한다면 이는 경쟁자보다 중요한 자원들을 미리 확보하여 사업을 시작하는 것과 같다. 시행착오와 비싼 비용으로 직접 체득하지 않아도 어렴풋하게나마 내 사업 영역에서 소비자 행동을 예측할 수 있게 된다. 그리고 이는 좀 더 효율적인 마케팅 방법론으로 이어진다. 이외에도 여러 이점이 있으나 여러 중요한 자원 중 가장 중요한 것은 기존 영역에서 활동하며 확보해 둔 '네트워크'다. 사업을 하는 과정에서 이 네트워크는 그 깊이를 떠나 사업가에게 많은 도움을 준다.

6년 전에 있었던 일이다. 부서장이 강하게 만류했지만 나는 2014년 7월 사직서를 제출했다. 조직에 대한 불만은 없었다. 오히려 나에게는 과분한 회사였지만 항상 마음속에 '이 정도 일하면 뭘 해도 월급보다는 많이 받겠지.'와 같은 생각이 점점 커져 갔다. 그래서 실행에 옮겼다. 물론 자신 있었다. 곧 100만 원으로 주식회사를 설립했다. 사업 목적은 내가 전 직장에서 주로 했었던 M&A 자문과 경영 컨설팅이었다. 이 사실을 여러 사람에게 널리 알렸다. 얼마 지나지 않아 알고 지내던 기업 대표와 M&A 자문 계약을 체결했다. 약 100억 원의 대주주 지분 매각의 건이었고 이 중 3%를 수수료로 받으니 첫 프로젝트치고는 꽤 괜찮은 거래였다. 그러나 이 M&A 건은 실패했다. 이 기업을 사겠다고 나서는 사람이 없어 계약은 해지됐다. M&A에서 이런 일은 빈번하게 일어난다.

월급이 들어오지 않자 곧 생활고가 찾아왔다. 여담으로 그 당시 내하루를 요약하면 이렇다(고정비를 아끼기 위해 사무실과 직원을 두지 않았다). 아침에 일어나서 백팩에 랩탑을 챙겨 서둘러 스타벅스로 출근했다. 물론 정장 차림이었다. 구석에 앉아 스타벅스 점장님 눈치를 보며 산업분석을 통해 기업들을 발굴했다. 또는 정신없이 제안서를 작성했다. 그러나 정장 입은 아저씨가 학생들이 웃고 즐기는 그곳에서 오랜 시간 자리를 차지하고 있을 수는 없었다. 점심시간이 되면 홈스테드커피로 이동했다. 저녁에는 주커피로 자리를 바꿔 일했다. 업무 도중 기업 담당자에게 오는 전화는 바로 받을 수 없었다. 음악과 수다 소리가 안 들리는 나의 차로 들어와 바쁜 척하며 다시 전화를 드렸다. "아이고 이사님! 오늘 전화가 많이 들어와서 받을 수 없었습니다." 나에게는 전 직장과 같은 브랜드 파워가 없었다. 그나마 힘이 됐던 마이너스 통장은 점점 한도를 향해 고갈되고 있었다. 그렇게 지옥과 같았던 10개월의 고군분투 끝에 비로소 첫 프로젝트를 성공시켰다. 수수료는 무려 3억 원에 달했다. 그 돈으로 사무실을 마련하고 얼마 지나지 않아 다시 몇 개의 프로젝트를 성공시켰다. 하나둘 새로운 직원도 채용했다.

나는 창업 후 2년 정도 되는 시점에 혼자 힘으로 약 8억 원을 벌었다. 환산해 보면 1개월에 3천만 원 넘게 번 셈이니 회사 다닐 때 월급의 여섯 배가 넘었다. 이 사례에서 우리는 분명히 기억해야 할 점이 있다. 의외로 우리의 네트워크는 생각보다 강하다는 점이다. 이 성공적인 시작에는 '잘 아는 영역'에서 확보해 둔 네트워크가 있었다.

프로젝트 두 개는 다소 의외의 네트워크를 통해 나왔다. 첫 번째 프로젝트는 나의 전 직장 입사 동기가 소개했다. IB 업무라고는 전혀 몰랐던 그가 대학원에 진학했고 그의 지도교수가 소개한 어느 기업의 대표이사가 바로 내 첫 M&A 거래의 주인공이 됐다. 두 번째 프로젝트 또한 오래전 일을 하며 만났던 어느 기업의 차장이 소개했다. 그는 회사를 그만두고 개인사업을 하고 있었다. 난 그 사실도 몰랐다. 어느 날 그 차장과 관계를 맺게 된 어느 기업가가 그에게 M&A에 관해 물어봤고, 그는 나에게 5년 만에 전화한 것이다! 이런 네트워크는 골프나 저녁 식사, 잦은 만남을 통해 의도적으로 형성한 소위 '강한 유대'가 아니었다. 더군다나 난 골프도 치지 않았고 여러 사람과 밤늦게 네트워킹하는 것을 다소 성가시게 생각했다. 고작해야 새로운 사업을 시작했다고 여러 사람에게 알렸던 것 외에 난 네트워킹을 하지 않았다.

실제로 미국의 보스턴 지역 주민을 대상으로 일자리를 구한 경로를 조사해 보니, '강한 유대'보다는 '약한 유대'를 통해 일자리를 얻은 비율이 3배가량(19% 대 56%) 높았다고 한다. 또 스탠퍼드 대학교의 마틴 루프$^{Martin\ Ruef}$ 교수는 스탠퍼드 대학교 MBA 졸업자 가운데 혁신적인 창업에 성공한 766명을 대상으로 조사를 했다. 이들 창업가의 특징은 자신과는 배경이 다른 사람과 다양하게 만나며 아이디어의 폭을 넓히는 이른바 '약한 유대'를 강조하는 특징이 있었다.(《이코노미조선》제15호)

사업을 경험해 본 사람이라면, 인사가 만사^{人事萬事}라는 말이 '인력의 효율적 배치'에만 그치지 않는다는 사실을 알게 된다. 어느 사업가에게 적절한 시점에 자문과 조언을 구할 수 있는 '누군가'가 있다면 그것은 그 사업가에게 큰 자산이 된다. 국내외 많은 성공한 사업가들 뒤에는 훌륭한 멘토가 있었다는 점은 시사하는 바가 크다. 이러한 멘토 또한 이 인사에 포함된다. 공동창업의 경우 공동창업가, 그리고 '강한 유대'와 '약한 유대' 네트워크도 사업가에게는 매우 중요한 인사다. 그만큼 사업을 할 때 사람은 중요한 자원이다.

성공한 기업가들을 보면 자신의 인적·물적 네트워크를 십분 활용할 수 있는 분야에서 창업했다. 즉 ① 본인이 이미 잘 아는 영역에 도전했고, ② 적절한 시점에 네트워크가 작동했고, ③ 소정의 성과를 거둔 후 이 현금흐름과 외부 투자자금으로 기업을 더 성장시켰다. NHN의 이해진도, 카카오의 김범석도 삼성SDS 출신이다. 드림위즈의 이찬진과 엔씨소프트의 김택진이 대학 동아리 시절 한글과컴퓨터를 창업했다는 것은 널리 알려진 사실이다. 배달의민족 김봉진은 디자이너 출신이지만, 네오위즈와 NHN에서 디자이너로 근무하며 플랫폼이나 이커머스에 대한 감각을 익혔다.

모르는 영역에서 창업할 때 잊지 말아야 할 것

전적으로 잘 아는 영역에서 사업을 해야 성공할 수 있다고 말하기는 어렵다. 반대의 경우도 많다. 셀트리온의 서정진은 바이오나 제약과는 전혀 상관없던 대우자동차 출신이고, 스타일난다 김소희의 이력에 의류디자인이나 화장품과 관련된 사항은 알려지지 않았다. 심지어 토스의 이승건은 치과의사 출신이다. 이렇듯 이업종異業種에 도전해 성공한 CEO들도 우리 주변에는 심심찮게 보인다.

의류도매업에서 시작한 스타일난다의 김소희에게는 분명 남들과는 다른 탁월한 본능적 감각이 있었던 것으로 보인다. 그녀가 창업하게 된 계기와 관련하여 유명한 일화가 있다. 20세의 앳된 그녀가 동대문 시장에서 1~2만 원을 주고 사 온 옷을 보고 주변 사람들이 예쁘다고 칭찬했다. 곧 김소희는 그 옷을 온라인 오픈마켓에 올려 보았다. 그러자 옷은 순식간에 8만 원에 팔렸다. 김소희는 그렇게 한두 벌, 수십 벌을 매진시켰고 급기야 온라인 쇼핑몰을 창업했다. 쇼핑몰은 지금 대한민국, 중국, 일본인 여성들이 열광하는 독보적 존재 스타일난다가 되었다. 그녀는 급기야 화장품 브랜드 3CE까지 히트시켰다. 2018년 로레알에 김소희의 지분 100%를 6천억 원에 매각하기 전, 스타일난다는 단 1원의 외부 투자도 받지 않았다. 즉 김소희 1인 주주 회사였다. 그리고 회사는 무차입에 가까울 정도로 현금흐름이 탁월했다.

우리는 이러한 신화에 열광한다. 종종 우리도 도전하면 충분히 할 수 있을 것 같은 환상에 젖기도 한다. 그러나 실제 창업의 과정에서 김소희의 일화처럼 그 시작부터 아름다운 경우는 극히 드물다. 찬찬히 따져 보면 김소희는 매우 특별한 사례라고 봐야 한다. 그녀는 비록 비전공자이며 해당 산업에 종사해 본 적도 없지만 김소희에게는 남들과는 다른 동물적, 미적 감각이 있었다. 즉 의류도매업이라는 가장 낮은 진입장벽의 산업에서 그녀의 천재적 재능이 작동했고, 그것이 무수히 많은 경쟁자보다 스타일난다를 돋보이게 했다. 그녀의 성공은 인적 구성, 시스템, 인적 네트워크나 물적 인프라, 외부 투자자금과 같은 요소에 전혀 기반하지 않았다. 오로지 그녀의 미적 감각에 기반한 사업 수완 하나로 큰 마진을 남길 수 있었고 시장을 파고들어 브랜드를 창조해낼 수 있었다.

그러나 우리 대부분은 김소희와 같은 천재가 아니다. 《포브스》 기준 대한민국 부자 순위 2위의 서정진이 여러 강연에서 밝힌 바와 같이 그는 창업 후 사업이 어려워져 자살을 시도한 적이 있었다. 서정진이나 김소희의 기업과 같은 완성형의 기업은 아니지만, 그래도 대한민국 유니콘 11개 중 하나인 토스를 일궈낸 이승건 또한 토스의 성공 전 그가 시도했던 무려 여덟 개의 사업이 모두 실패로 돌아갔다고 한다. 잘 알지도 못하는 업종에 도전했을 때의 시행착오는 대개는 다음에 소개하는 사례처럼 진행된다. 지금 생각해 보면 나의 무지에서 기인한 부끄럽고 참담한 시행착오였다.

난 금융인이지만 항상 마음이 가는 곳은 온라인 플랫폼 비즈니스였다. M&A를 진행하며 각종 산업분석을 하던 중 운명처럼 발견한 미국의 Elance-oDESK(현재의 upwork.com)라는 플랫폼에 마음을 빼앗겼다. 처음 그것을 구상한 후부터 단 하루도 내 머릿속에서 플랫폼이 떠난 적이 없었다. 회사에 잉여금이 쌓여 가자 어느 날 결정을 내렸다. 사업 목적을 바꿔 플랫폼 개발을 시작하기로 마음먹었다. 그리고 행동으로 옮겼다. 어디서 주워들은 것은 있었다. 가볍게 1차 버전을 시장에 내놓고 소비자들의 반응을 살핀 후 2차, 3차 개발을 통해 고도화하기로 전략을 세웠다.

그렇게 1차 개발을 시작했다. M&A 투자설명서를 쓰듯 파워포인트로 꼼꼼하게 머릿속에 있던 것들을 기획안으로 옮겼다. 그리고 그 기획안을 홈페이지 제작 외주업체에 맡겼다. 친한 프로그래머는 3개월이면 충분할 거라고 했다. 그러나 나의 편집증적인 집착과 무지 때문에 무려 9개월이 걸렸고 규모는 방대해졌다. 이 외주업체와 분쟁 직전까지 가서야 1차 개발이 완료됐다. 드디어 자랑스러운 9개월의 역작이 완성됐다! 오픈과 함께 캠페인이 필요했다. 그래서 디지털 마케팅을 어느 소규모 광고대행사에 맡겼다. 아직 자금은 충분했다.

2017년 10월 18일 드디어 플랫폼을 시장에 내놓았다. 내놓자마자 놀라운 일이 벌어졌다. 수많은 고객이 몰려드는 대신 무수한 에러들이 튀어나왔다. 부랴부랴 QA$^{quality\ assurance}$ 테스트 엔지니어를 정규직원으로 채용했다. 그 덕에 약 2개월 정도 지났을 무렵 어느 정도 에러가 잡혔다. 그러나 광고 효율(투입 광고비 대비 회원가입 수)이 떨어졌다. 자세히 들여다보니 이 광고대행사가 약 40%의 마진을 취하고 있었다. 1억 원의 광고비에서 4천만 원을 대행 수수료로 취하고 실제 광고에 집행한 자금은 6천만 원에 그친 셈이니 효율이 높을 리 만무했다. 곧장 대행사를 교체했다. 그리고 몇 개월 후 2차 개발 기획에 착수했다.

이번에는 자체 개발을 계획하고 프로그래머 모집공고를 냈다. 그러나 인력을 찾기 어려웠다. 1차 개발을 했던 홈페이지 제작업체는 이 플랫폼을 php라는 언어를 사용해 제작했는데, 시장에서 주로 사용하는 프로그래밍 언어는 java였다. 대부분 프로그래머들은 java 프로그래머였다는 말이다. 그제야 여타의 플랫폼에서 사용하는 언어와 서버들을 분석하기 시작했다. 대부분 java였고, 서버는 아마존 클라우드 서버AWS를 사용하고 있었다. 몇 개월의 고민 끝에 java 프로그래머를 고용하여 2차 개발을 시작했다. php 언어로 제작한 플랫폼을 java 언어로 교체하고(9개월간 만들었던 그 1차 결과물을 처음부터 다시 만들었다는 말이다) 새로운 추가 기능들을 고도화하여 AWS로 이전하는 프로젝트를 시작했다. 자본이 넉넉하지 않아 엔지니어는 두 명밖에 둘 수 없었다. 실로 광범위한 프로젝트였다. 이 개발 완료에만 1년 반의 시간이 걸렸다.

이 글을 읽는 당신이 만약 동종업계에 경험이 있는 사람이라면 "어떻게 저렇게 멍청할 수 있지?"라고 탄식을 내뱉을 것이다. 그 말이 정확하니 항변하지 않겠다. 그러나 이런 시행착오를 소수의 스타트업만 겪는다고 생각하면 큰 오산이다. 나에게는 그나마 벌어둔 돈이 있었기 때문에 버틸 수 있었다. 이러한 시행착오로 스타트업의 절반이 1년 안에 문을 닫는다. 개발 과정에서 오픈조차 못 하고 폐업하는 스타트업이 부지기수다. 자신이 잘 알지 못하는 업종에 도전했을 때 시행착오는 대개 이와 같이 발생한다. 즉 ① 시장의 메커니즘을 모르고, ② 적절한 조직 구성 방법을 모르고, ③ 네트워크가 제한적이기 때문에, 불어오는 세찬 모래바람을 그냥 맨몸으로 맞는 수밖에 없다.

결국 '몇 번 망하고 성공했다'는 것은 그 도전 과정에서 그 업業에 대한 본질을 잘 알게 되었다는 것으로도 해석할 수 있다. 실패 후 다시 용기를 내어 창업에 도전하는 것, 그 자체는 사실 어려운 일이 아니다. 누구나 새로운 전략과 마음가짐으로 뭐든 다시 할 수 있다. 그러나 사업에 실패하여 잃어버린 사람과 자본을 다시 끌어모으기란 쉽지 않다.

스타트업 창업가는 사업 초기의 시행착오를 최대한 줄이는 것이 중요하다. 창업가 본인이 잘 아는 업종에서 사업하는 경우 이 시행착오가 현저히 줄어든다. 위의 사례에서 만약 내가 지금 아는 것을 그때도 알았더라면 분명 CTO(최고 기술 책임자), CMO(최고 마케팅 책임자)와 함께 공동창업 형식으로 시작했을 것이다. 만약 그게 싫다면 유사한 영역의 회사에 입사해서 일정 기간 필드에서 경험이라도 쌓았을 것이다.

우리는 칼을 휘두르며 세상과 싸워 이기든 패배하든 결정을 봐야 한다. 그러나 그것과 무관하게 칼자루에 박힌 못을 빼느라 땀을 흘리고 있으면 안 된다. 그사이 이미 적의 칼날은 내 턱 밑까지 다가와 있기 때문이다.

성공 방정식 6

기업 가치평가에
신경 쓰지 말자

주식시장에는 애널리스트라는 직종이 있다. 주로 증권회사의 리서치 부문에서 일하는 연구원들을 일컫는 말인데, 주요 업무는 상장 기업(종목)에 대한 분석과 주가 예측이다. 이들이 어느 상장 기업에 대한 보고서를 작성하여 발표하면 기관 또는 개인투자자가 참고하여 주식 매매에 활용한다.

그렇다면 곧 상장 '예정'인 비상장 기업의 분석과 주식 가치평가 (이하 밸류에이션)는 누가 할까? 그것은 해당 비상장 기업의 기업공개 주관사인 증권회사의 IB^{investment banking} 부문에서 담당한다. 기업공개 팀의 가장 중요한 역할은 바로 이 비상장 기업의 밸류에이션이다. 만약 어느 기업공개 팀이 해당 기업의 가치를 고평가한다면 상장 후 주가 하락으로 신규 투자자가 손실을 볼 테고, 저평가한다면 기업이나 대주주로 유입되는 현금이 적어지기 때문이다. 그래서 기업공개 과정에서 밸류에이션은 가장 중요한 과정이다. 밸류에이션은 한국거래소에 제출하는 '상장예비심사청구서'의 작성에서부터 시작하는데, 이 문서에는 보통 책 두 권 분량에 달할 만큼 해당 기업에 대한 매우 상세한 분석과 밸류에이션이 기재된다. 따라서 이러한 과정을 수차례 겪으며 경험이 쌓인 IB 담당자는 기업공개를 앞둔 기업의 상장 후 시가총액을 직감적으로 파악할 수 있게 된다.

기업 가치평가에 대한 오해

나는 회사에서, 그리고 사업을 하며, 약 12년간 IB 업무를 했다. 절반은 기업공개, 나머지는 주로 M&A나 투자와 관계된 일이었다. 그리고 3년 전에는 이와는 전혀 다른 IT 업종에서 플랫폼 비즈니스를 시작하며 다양한 스타트업 관계자들과 교류를 시작했다. 스타트업 대표들에게 신선하게 느껴졌던 것 중 가장 놀랐던 점은 다름 아닌 이 밸류에이션에 대한 창업가들의 인식이었다. "포스트밸류로 120억 원 정도 됩니다.", "우리 회사와 유사한 미국 기업은 이 정도 밸류에이션으로 엑시트했는데 우리 회사 가치는 고작 100억 원도 안 되네요."

투자 전의 기업 가치를 '프리밸류pre value'라고 하며, 여기서 포스트밸류post value는 이 프리밸류에 투자금액을 더한 것을 말한다. 또한 엑시트는 창업가나 투자자가 회사를 빠져나왔다는 뜻으로, 통상적으로 주주의 지분 매각과 관련하여 사용한다. 내가 놀랐던 지점은 먼저 생각보다 해박한 이들의 지식이었고, 그다음은 밸류에이션에 대한 오해였다.

두 창업가와 밸류에이션에 대해 이야기를 나눈 적이 있다.

플랫폼 비즈니스를 운영하는 창업가 A는 약 10년의 노력으로 비즈니스를 본 궤도에 올려놓는 데 성공했다. 그리고 작년에는 꽤 거액의 투자도 유치하여 강남의 화려한 사무실로 이사했다. 겸손하고 선한 성품의 그와 나누는 대화는 즐거웠다. 내 과거 이력을 알게 된 그가 이런 질문을 했다. "내년에 기업공개를 하려는데 주식시장에서 우리 회사의 가치를 어느 정도 평가받을 수 있을까요?" 나는 적잖게 당황했다. 빠르게 성장 중이기는 하지만 그 회사의 작년 실적은 매출액 70억 원에 약 40억 원의 영업적자였기 때문이다. 광고비를 제외해도 흑자가 아닌 손익분기점 수준의 적자였다. 그래서 이렇게 대답했다.

"일부 특례 상장 요건을 제외하고 대부분 기업이 기업공개를 하려면 최소 20억 원 이상의 당기순이익이 있어야 합니다. 만약 내년에 20억 원 정도 당기순이익 달성이 가능하다고 가정하면 글쎄요…최대 시가총액 600억 원 정도는 가능하지 않을까요?" 즐거웠던 대화를 망치고 싶지 않았다. 그래서 PER^{Price Earnings Ratio} 기준의 무려 30배를 적용했다. 그러나 놀랍게도 A대표는 실망하는 기색이 역력했다. "장외에서 1,000억 원 수준에 거래됐다고 하던데……"

PER은 주식 가치평가 방법 중에서 가장 흔하게 사용되는 상대가치 평가방법이다. 기업의 Price(주식 가격)와 Earning(당기순이익)을 비교하여 '배수'로 표시한다. 만약 어느 기업의 시가총액이 1,000억 원이고, 예상되는 이 기업의 당기순이익이 100억 원이라면 이 기업의 PER은 10배다. 통상적으로 당기순이익은 예상 당기순이익을 사용하며, 시가총액은 현재의 시가총액을 사용한다.

창업가 B는 인터넷을 활용한 B2B 관련 시스템을 개발했다. 어느 날 흥분해서는 나에게 전화했다. 그는 분노를 삼키며 말했다. "내 말 좀 들어봐. 우리 회사가 아직 매출은 없지만 그래도 작년에 프리밸류로 80억 원 투자 제안을 받았잖아. 알지? 근데 내가 얼마 전 대형포털 C에 내 지분 60% 매각 제안을 했어. 환상적이잖아! 얘네가 우리를 가져가서 키우면, 맞지? 근데 이 C가 글쎄 60%를 20억 원에 검토해 보겠다는 거야. 근데 그것조차도 미확정이고 더 낮춰질 가능성도 크다는 거야. 말이 되니? 기업 가치 80억 원×60%면 최소 지분가치가 40억 원이 넘는데······." 두 달 후 그에게 다시 전화가 왔다. 그의 목소리에 힘이 없었다. 그 거래가 깨졌다는 것이다.

두 사람의 상심은 모두 밸류에이션에 대한 오해에서 비롯됐다. 생각해 보자. 스타트업을 시작하는 창업가의 입장에서 이 매출액 70억 원은 꽤 성공한 수치라고 느껴진다. 그러나 매출액 70억 원 정도의 기업은 유통업을 제외하더라도 국내에 수도 없이 많다. 그 회사가 바이오나 제약이 아닌 이상, 주식시장에서 매출액 70억 원에 40억 원 적자인 회사는 주식 가치가 없다고 보는 게 타당하다.

당기순이익 20억 원을 달성하여 기업공개에 성공하더라도 시가총액 1천억 원(PER 50배)을 달성하려면 이 기업은 주식시장에 찬란한 미래 비전의 당위성을 제시해야 한다. 물론 시장 참여자들이 이에 동의할지는 미지수다. 무엇보다 비상장 기업의 주식이 장외에서 얼마에 유통되든 기업공개 또는 주식시장에서의 가격과는 큰 차이가 있을 수 있다. 유동성이 풍부한 대한민국 주식시장은 효율적 시장가설efficient market hypothesis이 작동하는 시장이기 때문에 더욱 그렇다. 효율적 시장가설은 2013년 노벨 경제학상 수상자인 유진 파머Eugene Fama가 처음 주창한 이론으로 알려져 있다. 시장의 가격은 모든 정보all available information를 신속히 반영하므로 어느 누구도 취득한 정보들을 이용하여 장기적으로 시장 수익률을 초과 달성할 수 없다는 가설이다.

더 큰 문제는 B의 사례다. 언뜻 보면 당연히 B는 기분이 나쁠 수밖에 없다. 회사 가치가 80억 원이고 이것의 60%라면 48억 원인데 그 가치가 20억 원보다 낮다니 황당했을 것이다. 그러나 분명히 기억해야 할 점이 있다. 투자자들이 투자 시 매기는 가치는 스타트업의 기업 가치와는 무관하다는 것이다. 배달의민족이 마지막 투자 가치보다 훨씬 더 높은 4조 8천억 원의 가격에 팔렸지만 그것은 인수자(딜리버리 히어로)와의 시너지에 의한 프리미엄이 포함됐기 때문에 가능했다. 그리고 배달의민족은 이미 실적으로 그 가능성을 충분히 입증했다. 매년 폭발적인 영업이익 성장을 거듭했고, M&A 직전 연도인 2018년 영업이익은 이미 500억 원을 넘어선 상태였다. 그러나 대부분 스타트업 상황은 이와 전혀 다르다. 따라서 '투자 가치'라는 것은 기업 가치가 아닌 단지 투자자가 취득하는 '지분율' 개념 정도로 보는 게 맞다.

예를 들어 어느 투자자가 한 기업에 10억 원을 투자하여 지분

20%를 취득했다고 치자. 이때 기업 관계자들은 이 기업의 시가총액(이른바 포스트밸류)을 50억 원이라고 하고 프리밸류를 40억 원이라고 말한다. 즉 투자자에게 40억 원의 기업 가치를 인정받았고, 10억 원의 투자자금이 회사로 들어와 50억 원 가치의 기업이 됐다고 하는 것이다. 이는 굉장한 오해이며 밸류에이션이라고 보기도 어렵다. 이러한 밸류에이션은 세 가지 측면에서 오류가 있다.

1) 벤처캐피털을 망라한 모든 전문 투자자는 신이 아니다. 이들의 펀드에 담긴 모든 기업이 성공하는 것도 아니다. 이들은 위험을 분산하기 위한 포트폴리오 투자를 하는데 상당수의 투자 건은 실패하고 소수가 소위 '대박'을 쳐서 펀드수익률을 맞춘다. 따라서 이들의 밸류에이션은 정성적·정량적 지표를 모두 고려하여 '이 정도의 지분율이면 수익을 낼 수 있을 것이다'와 같은 이들의 심증적 '예측'에 불과하다. 투자자가 어느 기업의 가치를 매긴다고 그것이 곧 기업 가치가 되지는 않는다.

2) M&A가 점점 활성화되고 있지만 투자 회수에 있어 가장 중요한 수단은 여전히 기업공개라고 봐야 한다. 특히 국내 투자 회수 시장은 더욱 기업공개에 의존한다. 투자자는 보통 기업공개를 통해 큰 수익을 맛볼 수 있다. 국내 기업공개 시장에서의 밸류에이션 방법론은 일부 바이오, 제약, 보험업 등을 제외하고 99% PER이다. 즉 직전 연도

와 해당 연도에 예측된 당기순이익을 기반으로 기업공개 시 공모 가격과 그 이후 시가총액이 형성된다. 그러나 벤처캐피털은 정성적·정량적 지표를 통해 꽤 먼 장래의 손익과 가능성을 추정한다. 초기 투자의 경우 더더욱 그렇다. 이것은 PER의 개념보다는 일종의 개념적 또는 심증적 DCF^discounted cash flow(현금흐름할인법)에 가까운 방법론이다. 먼 미래의 잉여현금흐름을 적정한 할인율로 할인하여 구한 현재 가치로 기업 가치를 측정하는 방법이다. 이 방법은 일부 M&A나 사업성 평가에서 '심증적' 밸류에이션을 정당화하는 수단 정도로 활용되며 주식시장에서는 사용되지 않는다. 너무 많은 가정이 내포되어 있기 때문이다. 먼 미래의 가치를 예상하는 밸류에이션 방법론은 대부분 업종에서 큰 의미가 없다. 먼 미래의 기업 흥망과 당기순이익을 맞추는 것은 인간의 영역이 아니다.

3) 40억 원 가치의 기업이 10억 원을 유상증자한다고 50억 원의 가치가 된다는 것은 어불성설이다. 예를 들어 주식시장에 상장된 반도체 장비 기업들의 평균 PER이 10배 정도 된다고 가정하자. 그렇다면 어느 반도체 장비 기업은 당기순이익 20억 원을 달성할 때(또는 예상될 때) 시가총액이 200억 원 내외가 될 것이다. 이 기업이 100억 원을 증자한다고 시가총액이 300억이 될까? 그렇지 않다. 이 기업은 그 100억 원의 유입자금을 잘 활용하여 당기순이익 30억 원을 달성해야만(또는 예상되어야만) 시가총액 300억 원이 된다. 만약 그 100억

원으로 신규 사업을 벌여 실패하거나 기존 사업의 전략이 엇나간다면 오히려 시가총액은 낮아질 것이다. 따라서 프리밸류, 포스트밸류라는 의미는 밸류에이션이나 기업 가치를 의미하는 것이 아닌 단지 투자자의 지분율 계산을 위한 것임을 염두에 둬야 한다.

얼마 전 만난 정부 부처의 한 공무원이 나에게 이런 질문을 했다.

"정부는 2021년, 내년까지 유니콘 20개를 육성하려고 합니다. 그러나 저희에게는 고민이 있습니다. 왜 현재 11개 유니콘이 기업공개를 못 할까요? 저희 모태펀드에서 출자한 자펀드(벤처캐피털)에서 투자 회수를 해야 투자자금의 선순환 구조를 확립할 텐데요."

사실 이 공무원은 내 답변을 예상하고 있었다. 단지 현실을 확인하고 싶을 뿐이었다. 앞의 밸류에이션과 관련한 내용을 이해했다면 내가 이 공무원에게 한 답을 이미 짐작했을 것이다. "이익이 발생하지 않고, 또 발생한다고 하더라도 현재 투자 밸류에이션이 과도하기 때문입니다. 기업공개의 수요 예측(기업공개 과정에서 공모 가격을 결정하는 절차이며 흔히 'book-building'이라고 한다. 먼저 기업공개 주관사가 해당 기업공개 기업의 증권신고서에 밴드 형식의 예상 공모가격 범위를 제시하고, 펀드 매니저와 같은 주식시장의 전문 투자자들이 적정한 가격을 제출한다. 그리고 주관사는 그 가격을 토대로 공모 가격을 매긴다)에 참여하는 여의도의 어떤 펀드매니저가 그런 밸류에이션을 이해하겠습니까? 투자 가격보다 낮게 기업공개 하는 것도 물론 투자자에게는 허용되지 않죠."

유니콘은 정말 기업 가치가 1조 원 이상일까

전 세계 많은 국가와 도시에서 스타트업 생태계 조성에 힘을 쏟고 있다. 그런 노력 덕분에 기업 가치가 1조 원을 넘어서는 유니콘 기업들이 탄생했다. 유니콘 기업은 기업 가치가 10억 달러(=1조 원) 이상인 비상장 스타트업 기업을 말한다. 현재 환율을 감안했을 때 약 1.2조 원 가치의 기업이라고 볼 수 있다. 그러나 국내에서는 편의상 기업 가치 1조원 이상의 기업을 유니콘이라고 칭한다. 미국의 시장조사업체 CB인사이트에 따르면 전 세계 유니콘은 2019년 말 총 426개다. 그중 국내에는 11개 유니콘이 있다. 대한민국 유니콘 현황은 다음과 같다.

대한민국 유니콘 현황(2019년 말 기준)

No	기업명	주요 제품 (브랜드)	기업 가치	매출액 (2019년)	당기순이익 (2019년)
1	쿠팡	쿠팡	$90억 (10.8조 원)	7조 1,530억 원	-7,232억 원
2	옐로모바일*	피키캐스트, 쿠차	$40억 (4.8조 원)	4,699억 원	-318억 원
3	L&P코스메틱	메디힐	$14.8억 (1.78조 원)	2,348억 원	-130억 원
4	크래프톤	배틀그라운드	$50억 (6조 원)	1조 874억 원	2,789억 원
5	비바리퍼블리카	토스	$22억 (2.64조 원)	1,187억 원	-1,244억 원
6	우아한형제들	배달의민족	$26억 (3.12조 원)	5,654억 원	-756억 원

7	야놀자	야놀자	$10억 (1.2조 원)	2,449억 원	-190억 원
8	위메프	위메프	$26.5억 (3.18조 원)	4,653억 원	-809억 원
9	GP클럽	JM 솔루션	$13.2억 (1.58조 원)	4,687억 원	962억 원
10	무신사	무신사	$18.9억 (2.27조 원)	2,197억 원	435억 원
11	에이프로젠	GS071	$10.4억 (1.25조 원)	279억 원	-381억 원

출처: CB인사이트, 금융감독원 공시시스템(연결재무제표기준)
*옐로모바일은 2018년 사업보고서를 참고로 손익을 기재했다. 그러나 2017년 재무제표부터는 감사인의 의견거절을 받고 있으니 이 회사의 실적은 큰 의미를 두지 않아도 된다.

11개 유니콘 중 이미 매각이 완료된 우아한형제들(배달의민족)과 어려운 상태로 보이는 옐로모바일 그리고 바이오 제약 업종에 속해 적자가 자연스러운 에이프로젠은 제외하고 보자. 영업활동으로 현금흐름(당기순이익)이 원활한 기업은 무신사(의류 유통)와 지피클럽(화장품 유통) 그리고 크래프톤(게임)이 유일하다. 심지어 금융업에 속하는 비바리퍼블리카(토스)는 매년 빠르게 매출액 성장을 거듭하고 있지만 한 해의 매출액보다 적자 규모가 더 크다. 비교가 적절치는 않지만 이를 가계로 생각해 보면 아빠가 500만 원을 벌어와서 가족들이 550만 원을 쓴 정도(쿠팡)가 아니라, 500만 원의 수입에 1,000만 원 정도의 지출이 발생한 셈이다. 어떻게 이런 손익 구조가 가능했을까? 그럼에도 불구하고 왜 쿠팡은 기업 가치가 10.8조 원이며, 토스의 기업 가치는 2.6조 원일까? 사실 조 단위로 넘어가면 그것이 얼마나 큰 금액인지 좀처럼 감이 오지 않는다.

유니콘 2개 사와 업종별 주요 종목과의 비교

구분	기업명	기업 가치	매출액(2019)	당기순이익 (2019)
유통	쿠팡	10.8조 원	7조 1,530억 원	-7,232억 원
	이마트	3.3조 원	19조 629억 원	2,238억 원
금융	토스	2.6조 원	1,187억 원	-1,244억 원
	삼성증권	2.6조 원	1조 2,218억 원	3,918억 원
	기업은행	6조 원	9조 4,885억 원	1조 6,143억 원

출처: 미래에셋대우(2020년 8월), 금융감독원 공시시스템

2020년 쿠팡의 기업 가치는 이마트의 약 세 배에 이르고, 간편 송금서비스로 시작해 인터넷전문은행에 이제 막 발을 디딘 토스의 기업 가치는 삼성증권과 같다. 심지어 토스는 1.6조 원의 막대한 당기순이익을 창출하는 기업은행 시가총액의 43%에 육박한다.

그러나 사실 이런 일은 해외에서도 빈번하다. 3차 산업혁명 이후 4차 산업혁명을 맞이하며 각국은 경쟁이라도 하듯 스타트업에 유동성을 공급하고 있고, 우버나 알리바바와 같은 스타트업 투자 성공 사례가 투자자들을 유인하기 때문이다. 물론 위 11개의 유니콘이 막대한 투자자금을 기반으로 높은 기업 가치를 인정받는 이유는 근본적으로 해당 유니콘의 밝은 미래 성장성에 기인한다고 봐야 한다. 그러나 부차적으로는 시장에 공급되는 유동성(투자 재원) 대비 마땅한 투자처(스타트업 기업)가 없기 때문에 이미 검증이 완료된 소수의 딜에 경쟁적으로 투자가 몰린 결과이기도 하다.

투자자들의 머니게임이 기업 간 치킨게임을 부른다

　1990년대 중후반부터 인터넷이 폭발적으로 성장하며 여러 인터넷 기반 IT 벤처기업들에 유동성이 집중된 적이 있었다. 이에 관련 기업들의 주가가 엄청나게 폭등했으나 결국 그 거품이 꺼지며 주식 시장의 붕괴를 초래했다. 이른바 닷컴 버블이다. 일각에서는 위와 같은 스타트업의 상황에 2000년의 닷컴 버블을 떠올리며 우려 섞인 시선을 보내기도 한다.

　해외와 달리 대한민국의 스타트업은 대체로 모바일 인터넷을 기반으로 유통, 화장품, 의류 등과 같은 진입장벽이 낮은 업종에 밀집해 있다. 기술 중심의 R&D를 근간으로 하거나, AI 등의 4차 산업혁명에 속하거나, 글로벌에서 두각을 드러내는 스타트업은 아직 보이지 않는다. 즉, 국내 대부분의 스타트업들은 ① 경쟁이 치열한 낮은 진입장벽 내에서 ② 한정된 소비자(내수)를 기반으로 ③ 애플리케이션 등을 활용한 '편의성'을 주로 내세운다. 그마저도 새로운 수요를 창출하지는 않는다.

　우리는 매우 편리하게 배달의민족이라는 배달 앱을 이용하고 있지만 그렇다고 그전에 굶고 지낸 것이 아니다. '소비자 - 음식점'이라는 전통적 메커니즘 속에 10,000원의 현금흐름(소비의 총량)이 있다고 가정하자. 이 메커니즘은 배달의민족으로 '소비자 - 배달의민족 – 음식점'의 구조로 진화했는데 이 소비의 총량은 여전히 10,000원과 크게 다르지 않다. 다만 소비자는 '편의성', 생산자는 '더 많은 기회의 창출'에 대한 반대급부로 배달의민족에 수수료를 낼 뿐이다.

만약 현재의 스타트업이나 유니콘들이 향후에도 새로운 소비자나 수요를 창출하는 것이 아닌, 기존 플레이어들의 시장에 뛰어들어 '내수 소비자 쟁탈전'에만 그친다면, 분명 이것은 투자자들의 머니게임에 의한 기업들의 치킨게임으로 흘러갈 수 있다. 투자자들은 해당 투자 기업이 일정 수준의 점유율을 장악할 때까지 막대한 현금을 쏟아붓고, 투자 기업은 유치한 투자자금을 R&D보다 광고비로 집행하여 기존 채널을 이용하던 소비자를 뺏어온다. 이 경우 광고대행사, 포털, SNS 등의 광고 관계 기업들은 살찌겠지만 소비자의 '소비 총량'은 크게 변하지 않는다. 이마트에서 매월 100만 원의 생필품을 구매하던 가정주부가 쿠팡으로 소비 채널을 바꿨다고 해서 매월 130만 원어치를 구매하지는 않기 때문이다.

결국 이와 같은 제한된 소비 총량 아래에서 경쟁에 가장 중요한 요소는 '판매가격'이 된다. 그래서 재화나 서비스의 판매가격은 원가에 근접하게 되며 기존의 플레이어와 신규 진입한 플레이어 모두 이익을 내기 어려워진다. 약 6천억 원대로 형성됐던 이마트의 당기순이익이 몇 년 사이 2천억 원대로 낮아진 이유이며, 이와 경쟁하는 쿠팡이 높은 소비자 만족도와 지명도에도 불구하고 만성적자를 탈피하지 못하는 이유이기도 하다.

비즈니스 구축에만 온 힘을 기울여라

얼마 전 나는 어느 스타트업 대표로부터 그 회사의 대표이사 취임 제안을 받았다. 이 대표의 이력은 화려하다. 해외 명문대를 졸업하고 강남의 영어 학원에서 스타강사가 됐다. 이미 한 번의 소규모 창업과 매각으로 자산도 어느 정도 축적해 놓았다. 또한 그는 열정적이고 도전적이었다. 지난 성공에 그치지 않고 수십억 원의 개발비를 들여 다시 한 번 창업했다. 그에게 사업에 대한 소개를 들으며 훌륭한 영어 교육 서비스가 되리라 생각했다. 아직 매출은 없었지만 그는 현재 투자 유치 건으로 벤처캐피털의 실사를 받고 있었다. 벤처캐피털은 '포스트밸류'로 100억 원을 제시했다. 그러나 그는 도저히 이해가 되지 않았다. 유사한 업종의 비상장 기업이 몇 번의 투자 유치를 거치고 얼마 전에는 급기야 새로운 투자자들에게 2,000억 원 이상의 가치를 인정받았기 때문이다.

그는 절박하게 나에게 호소했다. "제발 사업에 집중하고 싶습니다. 다음 달에 신규 제품을 론칭해야 하는데 벌써 몇 개월째 일을 못 하고 있습니다! 이 망할 밸류에이션과 투자자들과 씨름하느라 온 정력을 다 쓰고 있다니까요!" 나는 이렇게 대답했다. "첫 투자에서 그 정도 가치면 그리 낮다고 볼 수는 없습니다. 현재 실사 중인 투자를 그 정도에서 마무리하시고, 그 돈으로 마케팅을 시작해 보시죠." 그러나 현재 그는 벤처캐피털의 투자보다 크라우드펀딩과 같은 대안 투자를 고려하며 여러 사람을 만나고 있다. 그에게 이 말을 해 주고 싶었지만 받아들이기 어려울 듯하여 끝내 전하지는 못했다.

"사실 비상장 기업의 밸류에이션은 허구입니다. 처음부터 밸류에이션이나 지분율에 집착할 필요는 없습니다. 보통 코스닥에 상장하는 기업들을 보면 정말 산전수전 다 겪었는데요. 최대주주 평균 지분율은 고작 27% 내외에 그칩니다. 그러나 끝내 성공하여 그 자리에 올라섰고, 수백억 원, 수천억 원대의 자산가가 됐죠. 지금은 오롯이 사업을 구축하는 데만 집중해도 시간이 부족합니다. 줄스 피에리가 말했던 'building your business'에만 신경 쓰세요."

다시 한번 강조하지만 이미 창업가나 스타트업 기업가이거나, 또는 그것을 꿈꾸고 있다면 우선 밸류에이션과 기업 가치에는 신경 쓰지 말자. 이 말은 초기에서 중기 투자를 받을 때 창업가의 지분율에 대해서도 그리 민감하게 반응하지 말자는 말이다. 고객이 모이고 현금흐름이 발생하여 사업이 안정 궤도에 오르면, 알아서 투자자들은 경쟁적으로 그 기업에 높은 가치를 매겨 기업가를 찾아온다.

사업 구상할 때
중요한 세 가지 원칙

중국에서는 크라우드소싱을 내세운 주바지에닷컴(한국어로 저팔계닷컴) 플랫폼이 있다. 크라우드펀딩 플랫폼이 일반 대중의 자금을 근간으로 기업에 투자하여 중개수수료를 취하는 모델이라면, 이 크라우드소싱은 전문가로 이뤄진 집단지성을 기업의 노동력에 활용한다는 취지라고 볼 수 있다. 중국의 풍부한 인적자원에 더해 정부의 전폭적 지원으로 생겨난 신생기업들은 이 크라우드소싱 플랫폼을 폭발적으로 활성화시켰다. 마침내 2019년 주바지에닷컴은 기업공개를 준비하겠다고 발표했는데 그 시가총액이 무려 5조 원에 달할 것이라고 전해졌다.

창업자 주밍웨朱明躍의 이력은 독특하다. 그는 1974년생으로 사범대학 졸업 후 교사생활과 공무원, 기자 생활을 약 12년간 하다가 2006년 그의 나이 32세에 주바지에닷컴을 설립했다. 그리고 설립 후 5년 만에 세계적 벤처캐피털 IDG로부터 투자를 받는다. 급기야 2015년에는 26억 위안(당시 약 4,600억 원) 투자 유치에 성공하며 120억 위안(당시 약 2조 원)의 가치를 인정받아 유니콘으로 올라선다. 당시 이 투자자금은 중국 거래 플랫폼 역사상 최고액의 투자였다고 알려졌다. 이때 창업자 주밍웨는 언론사 인터뷰를 통해 자부심과 자신감을 피력하는 대신 그간의 소회와 고통을 토로했는데, 꽤 흥미롭다.

"창업은 사람이 할 짓이 못됩니다. 처음에 저는 서비스만 잘
만들면 된다고 생각했어요. IDG 같은 곳에서 일하는 엄청나게
똑똑한 투자자들과 관계를 맺거나, 복잡한 재무제표를 본다거
나, 기술적 언어를 이해해야 한다거나…이런 걸 해야 한다고
생각했으면 창업하지 않았을 거예요. 주바지에닷컴과 같은 '플
랫폼 비즈니스'는 권할 만한 창업 아이템이 아니에요. 플랫폼은
하나부터 열까지 신경 쓸 게 정말 너무나도 많아요. 사실 처음
엔 제가 하는 사업이 플랫폼인지도 몰랐습니다."

"많이 힘드시죠? 저도 많이 힘들어요"

올해 2020년 중반, 고심 끝에 나는 지난 3년 동안 개발한 나의 플
랫폼을 매각하기로 결정했다. 그 결정 후 충동적으로 내가 가장 먼저
한 행동은 다소 엉뚱했다. 그것은 '경쟁사 찾아가서 CEO 만나기'였
다. 내가 왜 그런 행동을 했는지, 지금 생각해도 잘 이해되지 않는다.
본래 성격이 그렇지도 않거니와 그 만남에 어떤 목적도 없었기 때문
이다. 단지 '가상 속 경쟁 상대였던 사람들'을 직접 만나 보고 싶었을
뿐이다. 온라인 비즈니스를 하다 보면 자연스럽게 경쟁사 CEO들의
동향을 듣게 되는데, 직접 왕래하며 교류하는 경우는 드물다. 말마따

나 냉혹한 비즈니스 환경에서 서로는 '적敵'의 관계이기 때문이다. 그러나 난 항상 궁금했다. '그는 정말 실존하는 인물일까?', '실제로 보면 어떻게 생겼을까?', '그도 날 보고 싶어 하지 않을까?' 이런 매우 유아적인 발상을 기초로 난 그들에게 연락했다.

두 경쟁사 대표 모두 갑자기 만나자는 나의 제안에 다소 당황해하는 눈치였다. 막상 가상의 적수가 눈앞에 나타나니 신기해했다. 우리는 이내 자연스럽게 공감대가 형성됐고 유쾌하고도 진지한 대화가 이어졌다. 그중 한 CEO는 날 보자마자 반갑게 악수를 청하며 이 말을 했는데 참 인상적이었다.

"많이 힘드시죠? 저도 많이 힘들어요."

저마다의 차이는 있지만 앞서 말했던 10개의 유니콘(옐로모바일 제외) 중 쿠팡, 배달의민족, 야놀자, 위메프 등 총 4개 사가 넓게 보면 플랫폼 비즈니스에 속한다고 볼 수 있다. 생각 외로 플랫폼은 그리 높은 기술적 진입장벽이 있지는 않다. 플랫폼의 핵심 경쟁력은 기술적 부분이라기보다 회원(공급자와 수요자) 수와 해당 웹사이트에 걸리는 부하(트래픽)에 달려 있다. 결국 플랫폼은 끊임없이 '마케팅 – 회원 수 모집 – 다시 마케팅'의 과정을 통해 시장 점유율을 높여야 한다. 물론 카카오톡이나 중고나라처럼 시장을 선점하여 대중에게 소개되는 경우 별다른 마케팅 없이 적은 비용으로도 회원 수를 확보할 수 있으나 이렇게 성공한 플랫폼은 극히 제한적이다. 우리는 지금 당장 쿠팡, 배달의민족, 야놀자, 위메프의 로고나 광고모델, CM송을 떠올릴 만큼 이미 이들의 막대한 광고 세례에 노출된 상태다.

대한민국 유니콘 기업 중 플랫폼 업종에 속하는 기업의 1년 광고선전비 지출 현황*

기업명	쿠팡	배달의민족	야놀자	위메프	합계
광고선전비	2,934억 원	371억 원	439억 원	702억 원	4,446억 원
매출총이익 대비 광고비 비율**	24.4%	6.6%	17.9%	20.1%	평균 17.3%

출처: 금융감독원 전자공시시스템(dart)

*2019년 (연결)재무제표 기준

**적절한 비교를 위해 유통 플랫폼인 쿠팡, 위메프의 경우 매출총이익(매출액에서 매출원가를 차감)으로, 매출원가가 없는 배달의민족과 야놀자는 영업수익으로 계산함.

판매촉진비를 제외하고 순수하게 한 해 광고선전비의 명목으로만 지출된 금액이 4개 사 합산 약 4,500억 원에 이르며 매출총이익 대비 약 20% 내외의 금액이 광고비로 지출됐다. 얼마 전 정부는 3차 추경을 통해 '그린뉴딜' 청사진을 제시했다. 이 중 100대 유망기업, 5대 선도산업 육성에 4,500억 원의 예산을 배정했다. 이 4,500억 원이라는 돈은 국가의 일부 예산과 맞먹을 정도로 큰 금액이다.

사실 창업가가 사업을 구상할 때 '플랫폼 비즈니스'라 하면 막연히 좋게 생각한다. 여러 언론을 통해 우버Uber, 알리바바Alibaba, 에어비앤비Airbnb, 드롭박스Dropbox와 같은 성공 사례를 많이 봐 왔고, 플랫폼 창업가들이 저마다 한목소리로 기업가 정신을 외쳤기 때문이다. 그러나 주바지에닷컴의 주밍웨가 했던 말처럼 플랫폼 비즈니스의 시작에는 매우 큰 고통이 수반될 수 있다는 점도 분명히 알아야 한다. 그 고통은 다름 아닌 '영업활동을 통한 현금흐름'에서 비롯된다. 영업활동을 통한 현금흐름은 손익계산서의 당기순이익에서 시작한다. 예를 들어 5천 원짜리 물건을 1만 원에 팔아 이런저런 비용과 세금을 제하고 1천 원의 당기순이익이 발생했다고 가정하자. 그러나 장부상의 1천 원은 실제 현금이 아니다. 재고자산이나 매출채권이 증가 또는 감소했을 수 있기 때문에 그 부분도 반영해야 실제 현금흐름을 알 수 있다. 이것이 영업활동을 통한 현금흐름의 기본 구조다.

그러나 플랫폼 비즈니스에서는 시작 후 일정 시장점유율이나 회원 수critical mass를 달성하기 전까지 이 '당기순이익'이 발생하지 않는다. 그 이유는 플랫폼의 수익 구조에서 찾을 수 있다. 플랫폼은 크게 두 가지 수익모델로 영업수익(매출액)이 발생한다. 하나는 거래(중개)수수료 수익이며, 또 하나는 광고수수료 수익이다. 다만 플랫폼의 광고수수료는 이미 꽤 성장한 후, 즉 회원 수와 트래픽의 수가 적정 수준에 도달한 후 발생하므로 초기의 플랫폼은 우선 거래수수료에 의존하게 된다.

예를 들어 어느 공동창업자 3인이 공급자(때로는 기업)와 소비자(때로는 개인)를 연결해 주는 상거래 플랫폼 비즈니스를 창업했다. 공급자에게 받는 거래수수료는 업계 관례대로 10%로 정했다. 이들 3인은 각자 월급 400만 원씩 급여를 맞추기로 했다. 작은 사무실을 구했고 월세는 200만 원이다. 필연적으로 부대비용이 월 300만 원 정도 발생한다. 이 경우 최소 월 1,700만 원의 비용이 소요된다. 초기 스타트업 중에서도 최소 수준의 비용이라고 볼 수 있다.

매출원가가 없다고 가정했을 때 이들이 손익분기에 도달하려면 월 1억 7천만 원(1,700만 원÷10%)의 거래가 있어야 한다. 이 정도의 거래가 발생해야만 회사의 월간 비용을 충당할 수 있다. 5천 원짜리 자장면으로 환산하면 월 3만 4천 그릇을 팔아야 하고, 5만 원짜리 모텔 숙박권을 중개한다면 월 3,400건의 거래를 체결해야 한다. 그러나 플랫폼은 생산하지 않는다. 즉 자장면을 만들지 않고, 모텔을 경영하지 않는다. 오로지 공급자와 수요자들의 '북적임'으로 거래가 발생하고 그때 거래수수료가 플랫폼으로 떨어진다. 마케팅 활동 없이는 회원 수가 증가하지 않으며, 마케팅 활동에는 반드시 광고료가 수반된다. 사업 초기 시장 관계자들을 접촉하며 일일이 대면으로 마케팅하는 CEO들도 상당히 많다. 그러나 그 효과와 효용은 제한적일 수밖에 없다. 결국 페이스북, 카카오, 유튜브 그리고 기존 매스미디어와 옥외광고판에 광고비를 지출하여 불특정 다수에게 플랫폼을 알려야 한다.

그러나 마케팅으로 모집한 1명의 회원이 해당 플랫폼을 이탈하지 않고 지속적으로 이용하여 '1고객 획득 비용cost per acquisition'과 함께 위의 월 고정비까지 커버해 줄 거라고 기대하는 것은 매우 순진한 생각이다. 플랫폼이 적정 수준의 이용자 집단을 갖추지 못한 상태에서는 마케팅으로 획득한 공급자와 수요자가 서비스 행태에 실망하여 이탈하고 한동안 돌아오지 않는 일이 일어난다. 이 경우 이익을 내기 위해 거래수수료를 인상하는 것도 당연히 불가능하다. 이러한 '모집 – 이탈 – 신규고객 모집'이라는 순환을 몇 년이고 반복해야 제대로 작동하는, 즉 손익분기 정도에 도달하는 플랫폼이 완성된다. 앞서 언급한 중국 최대의 크라우드소싱 플랫폼 주바지에닷컴은 창업 후 10년이 지나서야 비로소 흑자를 내기 시작했다.

플랫폼은 자금 투입을 통한 브랜딩 과정이다

그렇다면 플랫폼들은 어떤 자금으로 마케팅비, 개발비, 운영비를 충당해야 할까? 바로 외부 투자자금이다. 극히 소수의 기업을 제외하고 플랫폼 비즈니스의 성공 뒤에는 투자자의 자금 투입이 있었다. 결국 플랫폼은 유치한 투자자금을 활용하여 얼마나 효과적으로 대중에게 호소하느냐에 그 성패가 달려 있다. 이것은 하나의 플랫폼 브랜드brand가 널리 소비자에게 침투하여 자생적 성장organic growth의 선순환을 일으키는 소위 브랜딩branding의 과정이다. 과연 하나의 브랜드가 시장에 안착하는 데에는 통상적으로 얼마의 자금이 필요할까? 이에 대한 정확한 해답은 없다.

브랜드를 가장 중시하는 섹터는 아무래도 소비재 중에서 뷰티나 의류 부문인데 그 분야의 CEO를 만난 적이 있다. 2015년 나는 어느 기업의 매각 주관을 담당했다. 이 기업은 유아 대상 놀이용품을 디자인하고 생산했다. 매출액 규모는 100억 원 미만이었고 이익도 거의 없었지만 강남 부촌의 마니아층을 대상으로 한 충성도 높은 브랜드가 있었다.

그 가능성을 엿본 나는 이 기업의 최대주주와 M&A 매각 자문 계약을 체결했다. 이 기업의 IM^Information Memorandum을 분석하고 작성하면서 이 기업의 지분 100%를 100억 원에 매각하겠다는 목표를 세웠다. 곧 여러 잠재매수자와 치열한 협상을 벌였다. 잠재매수자 중 대한민국 유아용품과 의류 브랜드의 전통 기업이라고 할 수 있는 한 회사의 CEO를 역삼동에서 만났다. 당시 그 CEO는 나에게 족히 20개가 넘는 기업들의 리스트를 보여 주며 이런 말을 했다.

> "보시다시피 사실 이 거래 외에도 저희는 현재 여러 M&A나
> 투자를 검토하고 있습니다. 그리고 그 검토의 중심에는 '브랜
> 드'가 있습니다. 수십 년의 경험으로 보건대 아무리 작은 브랜
> 드라도 시장에 하나를 안착시키는 데에 족히 200억 원은 들더
> 군요. 그런 측면에서 판단컨대 저희에게 제안하신 이 거래는
> 충분히 매력적인 것 같습니다."

약 두 달 후 이 거래는 성공적으로 마무리됐다. 기업이 하나의 브랜드를 완성하는 데 최소 200억 원은 들어가므로 이 CEO는 그보다

훨씬 적은 돈으로 꽤 괜찮은 브랜드 하나를 산 셈이다.

창업가들이 사업을 통해 성취하고자 하는 목표에는 여러 가지가 있다. 대다수 창업가는 부자가 되기 위해 사업을 시작하지만, 일종의 사명감, 즉 고용을 창출하고, 국가 경제에 이바지하고, 이웃에게 환원하는 것을 바라며 창업하는 이들도 적지 않다.

국내에서 플랫폼 비즈니스를 한다는 것은 이 두 가지 목표에 모두 부합하지 않는다. 우선 플랫폼으로 현금을 창출하기도 어렵거니와 앞서 말한 바와 같이 내수內需 시장으로 제한되어 소비의 총량은 그대로인데 기존의 플레이어들과 소비자 쟁탈전을 벌이는 플랫폼이 국가 경제에 어느 정도 이바지할 수 있을지도 의문이다. 또한 플랫폼 스타트업의 특성상 이들은 마케팅과 프로그래밍 관련 직원을 주로 채용하며, 신입보다 경력직을 선호한다. 하나의 플랫폼이 성공하여 그 서비스에 대한 수요가 많아지면 분명 직간접적인 고용 유발 효과는 생길 수 있다.

그러나 불확실한 영업 환경에서 플랫폼 비즈니스가 과연 얼마나 고용의 질을 높이고, 국민 소득에 영향을 주고, 국가적 실업률 개선에 도움이 될까. 플랫폼 회사가 그 자체만으로 큰 의미가 없다면 결국 플랫폼을 이용하는 공급자와 수요자에게 높은 가치를 제공하는 데에 플랫폼의 의의를 찾아볼 수 있을 것이다. 하지만 그 가치가 기존에 이들이 이용하던 채널에 비해 얼마나 더 높은 가치를 제공할 수 있는지 또한 깊이 생각해 볼 부분이다.

위와 같은 이유로 정부는 기술 기반 창업을 독려한다. 2019년 12월 19일 홍남기 부총리 겸 기획재정부 장관이 대통령에게 보고한 '2020년 경제정책 방향'에는 소부장(소재·부품·장비) 국산화라는 목표와 함께 DNA(Data, Network, AI), 5G, Big3(바이오헬스케어·시스템반도체·미래 차) 분야를 육성하겠다는 구체적 계획이 담겨 있다. 이 분야들은 모두 매우 기술 중심적인 섹터에 속한다. 국가는 모태펀드(한국벤처투자)의 자펀드(벤처캐피털)를 통해 스타트업에 매년 수조 원대의 자금을 투자한다. 국내 대부분의 벤처캐피털은 모태펀드로부터 조금이라도 더 많이 출자받기 위해 시즌마다 총력을 기울이는데, 이런 현상은 어찌 보면 당연하다. 이들은 주로 자펀드 운용에 대한 보수를 기반으로 운영되기 때문이다.

이러한 상황에서 뛰어난 기술을 가진 어느 창업가가 AI나 바이오벤처와 같은 기술 중심적인 스타트업을 설립했다고 가정하자. 그는 별다른 현금흐름 없이도 충분히 국가와 벤처캐피털의 투자를 통해 연구개발에 매진할 수 있고 미래 성장을 도모할 수 있을 것이다. 국내외 스타트업을 막론하고 기술 중심 창업의 생존율이 생계형 창업보다 훨씬 높은 이유가 여기에 있다.

그러나 우리에게 기술은 없다. 심지어 기술을 가진 사람도 알지 못한다. 서정진은 비전공자 출신으로 세계적인 바이오시밀러 기업을 일궈냈지만 우리는 서정진이 아니다. 그래서 우리는 되도록 사업을 하면 안 된다. 사업 시작과 함께 지옥문이 열리는 게 불을 보듯 뻔하다. 그럼에도 불구하고 운명처럼 사업의 기회가 찾아온다면, 만약 사업을 구상하고 있다면 시작할 때 기억해야 할 중요한 세 가지 원칙이 있다. 누군가는 이 원칙들이 비겁하고 용기가 부족한 소신에서 비롯되었다고 폄하할 수도 있겠지만(물론 틀린 말은 아니다) 분명히 실패 확률을 낮출 수 있으리라 믿는다. 서태지가 랩 메탈 장르인 '교실 이데아'로 데뷔했다면 지금과 같은 전설이 될 수 없었다. 하드록 밴드 '시나위'의 베이시스트 출신인 그도 캐주얼 댄스음악 '난 알아요'를 부르며, 헤드뱅잉 대신 몸을 흔들어대며 댄스가수로 현금흐름을 발생시켰다. 폭발적인 성장과 지명도를 얻은 후에야 비로소 '교실 이데아'를 불렀다.

세 가지 원칙

원칙 1. 현금흐름의 중요성 – 투자 유치 없이 간다고 생각하자. 가장 낮고 보편적인 곳에 현금흐름이 있다.

원칙 2. 마니아층을 확보하라 – 마니아층을 확보하고, 필수 소비 영역에서 최악의 상황에 대비하자.

원칙 3. 최소한의 안전망은 필요하다 – 현 직장을 관두지 말고 시작하자. 최소 생활비 정도는 어딘가에서 나와야 한다.

원칙 1. 현금흐름의 중요성

스타트업 대표들과 대화를 나누다 보면 간혹 '이 사람이 사업을 하는 목적은 투자 유치인가?' 하는 궁금증이 생길 때가 있다. 물론 살아야 하므로 충분히 이해는 한다. 이 절박한 순간만 벗어나면 본인의 비즈니스가 성공할 수 있을 것 같기 때문이다.

어느 신생 스타트업이 투자 유치 없이 A-1이라는 비즈니스를 잘해 왔다고 가정해 보자. 즉 A-1이라는 비즈니스로 매출과 현금흐름을 발생시키고 있거나, 매출과 현금흐름이 제한적이더라도 이용자들이 큰 폭의 증가세를 보여 향후에 실적 개선이 가능한 상황이다. 이 기업은 A-1과 관련한 A-2 비즈니스로 확장하고 싶은데 A-1에서 발생하는 현금흐름만으로 A-2를 진행하기에는 시간이 너무 오래 걸린다. 그래서 외부 투자 유치를 희망한다. 이와 같은 비즈니스 전개는 사실 매우 희망적인 경우이며 투자 유치에도 성공할 확률이 높다.

그러나 대부분 스타트업은 A-2가 아닌 현재 진행 중인 A-1 비즈니스의 '구축'을 위해 투자 유치를 추진한다. 기본적인 A-1에서 현금흐름이 돌지 않기 때문에 이미 자본금은 바닥을 드러냈고, 운영자금(급여, 임차료 등), 연구개발비, 마케팅 비용(광고선전비)으로 쓸 돈이 없다. 이런 경우 벤처캐피털 등의 투자자는 A-1이 시장에서 성공할 수 있을지를 종합적으로 가늠하여 투자 결정을 한다. 그러나 지표(매출액, 손익, 고객 수, 트래픽 등)가 미약하다면 대부분 투자하지 않는다. 앞서 밝힌 바와 같이 벤처캐피털은 그 이름과는 다르게 모험을 기피하기 때문이다. 스타트업 창업가는 마치 엑셀의 순환참조 오류처럼 혼란에 빠진다. '투자자금을 받으면 분명 지표가 생길 텐데 지금 지표를 내놓으라니!'

스타트업 창업가들은 투자 유치를 시도하는 과정에서 탐욕으로 가득한 금융 세계를 접한다. 그리고 이내 투자자금은 필요악^{必要惡}이라는 사실도 파악하게 된다. 투자 유치를 해 회사로 자금이 들어온다면 창업가의 지분율은 낮아지고(희석되고), 회사의 경영은 일정 수준의 견제와 통제를 받는다. 무엇보다 이 투자자금은 형식적으로는 자기자본이지만 실질적으로는 타인자본이다. 즉 기업이 투자계약서에서 요구하는 일정 조건(제시하는 기간 동안 기업공개에 실패하거나, 기업공개 공모 단가가 투자 단가에 미달하거나, 일정 수준의 실적을 달성하지 못하거나 등)에 미치지 못하면 투자자는 해당 투자자금에 대한 상환을 기업에 요구할 수 있다. 또는 투자자가 보유한 주식 수량이 몇 배로 변해 최대주주가 바뀔 수도 있다. '투자 유치'에 대한 본질과 상세한 사항은 나중에 설명하겠다.

문제는 현금흐름이다. 대부분의 스타트업은 매출액이 제한적이고 회사의 고정비가 매출액보다 많다. 영업활동에 따른 현금흐름이 계속 마이너스이기 때문에 투자자금에 의존하게 된다. 스타일난다처럼 매각할 때까지 단 한 번도 외부 투자를 받지 않은 사례도 있다. 그 과정을 조금 더 자세히 살펴보자.

이번 주 동대문 도매시장에서 2만 원짜리 옷 세 벌을 산다. 오픈마켓에 한 벌당 8만 원에 판다. 이 경우 매출액은 24만 원이 찍힌다. 매출원가 6만 원, 판매수수료 5만 원(20% 내외 가정), 기타 비용 1만 원을 차감하면 영업이익 12만 원이 떨어진다. 그러면 다음 주 12만 원으로 또 2만 원짜리 옷 여섯 벌을 사 온다. 한 벌당 8만 원에 판다. 매출액은 48만 원…(잉여금이 쌓인 후) 직원을 하나둘 채용한다. …(잉여금이 쌓인 후) 디자이너를 채용하여 자체 브랜드를 만들어 매출원가율을 낮춘다. …(잉여금이 쌓인 후) 의류에서 화장품으로 진출한다.

그러나 투자 유치 없이 이와 같은 잉여금(영업활동에 따른 현금흐름)으로 성공하려면 창업가가 시장에 내놓는 상품 또는 서비스에 고객이 절대적인 충성을 보여야 한다. 그러나 우리는 스타일난다의 김소희가 아니다. 평범한 사람이 일반 소비자를 대상으로 한 유통업에서 성공하는 경우는 대개 다음과 비슷하다.

A는 산업디자인과를 졸업한 후 어느 IT 중소기업에서 디자이너로 근무했다. 그러나 그 기업은 스마트폰이 등장한 이후 급격히 상황이 나빠져 결국 그는 정리해고되고 말았다. 그때 나이가 이미 30대 중반을 넘은 때였다. 당시 그가 모아 둔 돈은 고작 5천만 원밖에 없었다. A는 그 돈을 들고 중국 심천深圳으로 향

했다. 그는 그곳에서 반년 이상 머물렀다. 심천의 화창베이华强北는 '세계의 용산 전자 상가'라고 불리는 곳이었기에, 거기서 매우 저렴하게 파는 각종 IT 제품들을 한국에 팔아보자는 심산이었다.

A는 1년 동안 수십 가지 제품을 떼다가 먼저 한국의 오픈마켓에 팔아 봤다. 반응이 좋은 제품도 있었지만 대부분 제품은 실패했다. 무엇보다 싼 가격만큼 품질이 조악했다. 사기를 당한 적도 있었다. 가지고 있던 돈은 이미 다 소진한 상태였다. 한국으로 돌아갈 날만 기다리던 어느 날 여행 차 가까운 홍콩에 들러 친구를 만났다. 매우 오래된 초고층 아파트들이 즐비했다. 친구의 집에서 그는 '층간 소음 방지'를 위해 매트가 깔려 있는 것을 발견했다. 신선했다. 한국에 돌아온 그는 매트에 약간의 컬러와 디자인을 가미해 봤다. 그리고 본격적으로 한국 소비자들에게 팔기 시작했다. 약 5년 후 그의 회사는 매출액 50억 원, 영업이익 20억 원을 기록했다. 물론 투자를 받은 적은 없다. 몇 년 전 그는 자신이 가진 지분 100%를 매각했다. 그 현금으로 자신이 디자인한 건물을 세워 현재는 임대업을 하고 있다.

A는 하나의 아이템에 집중하거나 연구개발하거나 디자인하며 자신을 과대평가하지 않았다. 먼 미래의 큰 그림을 그리기보다 당장의 현금흐름에 집중했다. 그래서 투자 유치는 애초에 생각도 하지 않았

다. 그 대신 5천만 원으로 심천의 화창베이에서 무수히 많은 '작은 시도'를 했다. 그 시도들을 통해 온라인 판매와 유통, 소비자의 메커니즘을 알게 됐다. 마침내 그 작은 시도 중 하나가 터졌다. 그가 만약 투자를 받았더라면 기업공개 압박에 시달렸을 테고 M&A도 쉽지 않았을 것이다. 당장의 현금흐름에 집중했기에 그는 성공할 수 있었다.

처음부터 투자를 유치하는 데 에너지를 쏟기보다 영업을 통해 발생하는 현금흐름으로 기업을 성장시키는 게 더 바람직하다. 그런데 이 현금흐름은 주로 어디에서 흐를까?

인간의 1차 욕구를 반영한 시장에 기회가 있다

나는 2005년 12월, 대학교 졸업을 약 3개월 앞두고 취업했다. 당시 취업 준비 중인 대학생들에게 가장 인기가 많은 업종이 금융이었다. 물론 삼성전자가 있었지만 나머지 순위는 국민은행, 신한은행, 삼성증권, 미래에셋증권과 같은 금융권 기업들이 수위를 차지했다. 미국도 마찬가지였다. 미국의 대졸자 누구든 골드만삭스Goldman sachs, 모건스탠리Morgan stanley, 맥킨지Mckinsey, 보스팅컨설팅그룹Bosting Consulting Group과 같은 금융 또는 컨설팅 관련 기업에 입사하는 게 꿈이었다.

약 15년이 지난 지금, 그때의 선호도는 크게 바뀌었다. 2020년 7월 취업포털 잡코리아의 설문 조사에 따르면 현재 국내 대학생들의 취업 선호도 1위는 카카오(17.9%)이고, 네이버(15.1%)가 2위를 차지한다. 즉 대학생 3명 중 1명은 IT 기술 기업에 취업하고 싶어 했다. 공학 계열 외에도 경상, 인문, 예체능 등 대학의 모든 계열에서 공통적으로 나타난 현상이다. 10위까지의 순위에 금융권은 단 한 기업도 없었다. 미국의 상황도 크게 다르지 않다. 구글Google부터 아마존Amazon, 애플Apple, 페이스북Facebook 등이 순위를 차지하고 있으며 마찬가지로 금융, 컨설팅 계열은 10위권 안에서 찾아볼 수 없다.

10년 전만 해도 나와 같은 전문 분야의 IB 인력은 일종의 '기술 인력'과 같은 취급을 받았다. 중국의 어느 은행은 나에게 내 연봉의 세 배가 넘는 금액으로 스카우트 제의를 한 적도 있었다. 그러나 현재 그 '기술'의 패러다임은 너무나도 크게 바뀌었다. 아무도 나와 같은 인력을 기술 인력으로 보지 않는다. 한 명의 금융 전문가보다 한 명의 프로그래머가 기업과 사회에 훨씬 더 큰 파급효과를 일으킨다. 심지어 상기 두 IT 기업의 급여 수준은 이미 금융권 수준을 훌쩍 뛰어넘었다.

이와 같이 산업의 패러다임은 마치 살아 있는 생물처럼 끊임없이 변한다. 불과 10년 전에 한낱 '인터넷 콘텐츠'로 치부되며, 실적 변동성이 심한 업종이었던 IT 섹터가 세상을 집어삼킬 거라고는 아무도 예상하지 못했다. 그러나 또 언젠가 시간이 흐르면 우리가 알지 못했던 또 다른 섹터가 세상의 패권을 쥐게 될 것이다. 난 2011년에 투자 집행 건으로 어느 건설 회사를 분석했던 적이 있었다. 그때 이 회사의 유능했던 CEO가 나에게 한 말을 요즘에서야 조금씩 깨닫고 있다.

그는 건설 회사를 일구기 전에 여러 사업을 벌인 이력이 있었다.

"얼마 전 내가 미국에서 여러 사람을 만났는데 그곳은 인공지
능^{AI} 열풍이더라. 한국도 머지않아 그 바람이 불어오겠지. 내
가 조금만 더 젊었더라면 그런 사업도 한번 해 보고 싶다는 생
각을 했어. 뭔가 새롭고 혁신적인 것들은 화려하고 멋지지. 가
슴 설레잖아. 내가 세상을 바꿀 수도 있으니까. 그런데 사실 실
제로는 그런 것들로 돈 벌기는 어려워. 돈은 항상 의식주^{衣食住}와
같은 가장 낮은 곳에서 돌거든."

물론 그가 주^{住}에 해당하는 건설 회사를 성공시켰기 때문에 한 말
이었겠지만, 당시 야심만만했던 금융인인 나에게 그 말은 그다지 와
닿지 않았다. '입고, 먹고, 자는 곳에서 돈이 돈다?', '옷 가게나 식당
에 투자하라는 말인가?' 하는 생각이 들 뿐이었다. 오히려 진입장벽
이 낮고 경쟁이 치열한 그곳에서 대체 어떻게 성공을 거둘 수 있다는
말인지, 투자 심사자를 현혹하려는 발언은 아닌지 그의 진의를 의심
했다. 그러나 요즘 부쩍 그의 말이 귓가에 맴돈다. 그는 '시장의 크기'
에 따른 현금흐름을 직관적으로 또는 경험적으로 알고 있었다. 산업
의 기복과 패러다임의 변화 속에서 거친 바다 깊은 곳에 숨겨진 황금
을 찾으러 떠나는 것보다, 의식주와 같은 인간의 가장 기본적인 욕구
를 충족시키는 곳에 오히려 더 많은, 더 안정적인 기회가 있다는 의

미를 우회적으로 표현한 말이었다.

여러 반증과 비판이 있지만 에이브러햄 매슬로Abraham Harold Maslow 는 욕구 5단계설hierarchy of needs에서 인간의 욕구는 타고나는 것이며 낮은 단계로부터 그 충족에 따라 상위 욕구로 이동한다고 했다. 이 다섯 단계의 욕구 중 모든 인간이 본질적으로 가장 하위에 생리적 욕구physiological needs를 지니고 있다. 이 욕구에는 음식, 물, 집, 추위를 피할 수 있는 수단 등이 포함된다. 의식주를 강조한 CEO는 이와 관련한 시장이 가장 크고, 현금흐름이 원활하게 돌아가기 때문에 결국 돈을 벌 수 있다고 했다. 주住에 해당하는 욕실의 샤워기 사례를 보면 이해하기 쉬울 것이다.

2년 전부터 중소기업들이 주로 생산하는 필터샤워기가 불티나게 팔리고 있다. 필터샤워기는 욕실이나 주방의 샤워기 헤드에 교체 가능한 필터를 장착하여 수돗물에서 나오는 불순물을 걸러 주는 제품이다. 특히 최근 수돗물의 수질에 대한 시민들의 경각심이 높아지자 이 제품을 생산하는 기업들은 현재 몰려드는 수요를 감당하기 어려울 정도라고 한다.

이 제품의 성공 요인은 크게 세 가지다. ① 금속과 같이 불투명한 플라스틱 재질의 샤워기를 투명한 재질로 바꿔 내부 필터 변색을 소비자가 눈으로 확인할 수 있게 디자인한 점, ② 샤워기와 호스의 접합 부분이 규격화되어 있음을 간파하고 샤워기를 교체 대상으로 패러다임 시프트를 마케팅한 점, ③ 1회성 제품 판매에 그치는 것이 아니라 마치 프린터의 토너를 바꾸듯 지속해서 필터를 교체하게 유도한 점이 바로 그것이다.

그러나 곰곰이 생각해 보면 소비자가 정확히 확인할 수 있는 것은 '필터의 변색' 외에는 없다. 모든 가정의 수질은 집마다 천차만별이다. 그러니 모든 가정을 대상으로 필터를 거치지 않은 물과 필터를 통해 정화된 물의 성분 차이를 비교하여 확인할 방법은 없다. 또한 필터를 변색시키는 물질이 100% 유해물질이라고 확증할 수 없으며, 필터를 변색시키지 않는 물질에서도 유해성분은 충분히 나올 수 있다. 쉽게 말해 이 제품은 해당 필터의 '수질 정화'라는 본질적 효용 가치보다 시각적으로 필터의 변색 과정을 통해 느끼는 소비자의 공포를 자극하는 제품인 것이다.

이러한 소비자의 안전에 대한 욕구는 매슬로의 욕구 5단계 중 맨 밑에서 두 번째, 4단계의 욕구인 안전의 욕구^{safety needs}에 해당한다. 이 욕구에는 안전, 안정, 자유, 공포로부터의 해방 등이 담겨 있다. 매슬로에 의하면 1차 생리적 욕구가 해소된 인간은 그다음 단계로 진입한다. 우리는 이 제품을 사용하는 소비자의 경제적 계층도 함께 유추해 볼 수 있다.

매슬로는 전체 5단계 중 가장 낮은 단계의 생리적 욕구와 4단계의 욕구를 '기본 욕구^{basic needs}'라고 한다. 앞서 건설회사 CEO가 '가장 낮은 곳'이라고 말했던 시장이 바로 소비자의 기본 욕구를 반영한 곳이라고 해석할 수 있다.

발명하기보다 해결하기

스타트업을 하려는 창업가는 대개 시장에 없었던 뭔가 새로운 개념을 만들어 센세이션을 일으키고자 하는 강박관념이 있다. 그래서 이들은 진입장벽이 높은, 상위 개념의 어려운 서비스와 재화를 자체적으로 연구개발하거나 때로 미국이나 유럽에서 히트한 플랫폼을 벤치마킹하여 국내에 도입하기도 한다. 결과는 어떨까? 안타깝지만 대부분 실패하기 일쑤다. 새로운 개념의 사업 아이템은 시장에서 새로운 수요를 만들어 내야 한다. 그러나 시장의 패러다임은 쉽게 바뀌지 않고 또한 바뀌는 데 시간이 오래 걸리기 때문이다.

요컨대 스타트업이 실패의 위험을 낮추려면 시장의 크기와 싸우는 것을 피해야 한다. 국내 11개의 유니콘이 이미 형성된 큰 시장에 진입해서 기존의 플레이어들과 시장을 놓고 싸우는 이유가 그것이다. 이들은 일론 머스크나 스티브 잡스처럼 세상을 뒤바꿀 만한 것들을 '발명'하려고 하지 않았다. 단지 기존의 큰 시장에서 하나의 재화나 서비스가 지니고 있었던 본질적인 문제를 '해결'하는 데에 집중했다.

만약 사업을 꼭 해야 한다면, 우선 가장 큰 규모의 시장에서 기회를 찾자. 그 시장은 앞에서 언급한 필터샤워기와 마찬가지로 인간의 기본 욕구를 충족시켜 주는 시장이다. 필터샤워기 판매 기업은 올해 벌어들일 수백억 원의 현금흐름을 기반으로 여러 위생이나 청결과 관련한 신제품을 내놓을 예정이라고 한다.

이 기업은 우선 큰 시장에 진입했다. 그 시장은 새로운 기술이나 기술 혁신과는 거리가 있는 극히 평범한 '샤워기'라는 시장이었다. 그리고 문제 하나를 '해결'해서 하나의 아이템을 성공시켰다. 그리고 그 아이템을 통해 일정 수준의 고객 군을 확보했다. 그 고객 군은 필터를 교체하기 위해 이 회사가 운영하는 쇼핑몰을 재방문할 확률이 높다. 무엇보다 이들은 안전의 욕구가 높은 소비자층이다. 이제 이 기업은 확보한 고객 군에 또 다른 위생 및 청결과 관련한 새로운 상품을 팔아 매출을 올리려고 한다. 충분히 과학적인 경영 전략이다. 또 한 번 이 기업의 성장이 기대되는 대목이다. 가장 낮은 곳, 즉 인간이 가장 손쉽게 접할 수 있고 또 이미 충분한 수요가 확보된 그곳에 현금흐름과 기회가 있음을 잊지 말자. 막연하게 새로운 것을 발명해 시장에 소개하기보다 기본 욕구를 해소하는 시장에서 문제점을 찾아 해결함으로써 현금흐름을 창출하는 데 집중해 보자.

원칙 2. 마니아층을 확보하라

내가 있는 여의도는 여의도공원을 중심으로 동여의도와 서여의도로 구분된다. 서여의도는 국회와 함께 여러 정당의 당사가 있어 이른바 대한민국 정치의 중심지라고 하고, 동여의도는 금융감독원, 한국거래소 등의 금융 공공기관과 함께 여러 금융권이 밀집해 있어 대한민국 금융의 중심지라고 한다. 우리가 흔히 보는 화려한 여의도는 동여의도다. 서여의도는 고도제한 때문에 높은 건물이 없지만, 동여의도는 IFC와 콘래드호텔과 같은 마천루가 형성되어 있다. 그러나 사실 이 금융의 중심 지역을 좀 더 들여다보면 IFC와는 다른, 매우 낙후된 건물들이 많다. 동여의도의 많은 금융인은 이 오래된 건물들에서 점심 식사와 회식을 한다. 이 건물 중 맛집이 많기로 유명한 한 건물이 있다. 건물 1층에는 남성 직장인 전용 미용실과 치킨호프집 그리고 소곱창구이집이 있다. 세 가게 모두 오랜 기간 이곳에서 영업했다.

2020년 우리는 사상 유례없었던 전염병과 싸우고 있다. 코로나19로 자영업자들이 힘겨워하고 있다. 그렇다면 이 세 가게 중 기존과 다름없이 매출을 유지하는 곳은 어디일까? 앞에 나온 원칙 1의 기준으로 보자면 세 업종 모두 인간의 기본 욕구에 기초한 가게들이다.

가장 먼저 폐업한 곳은 치킨호프집이었다. 사람들이 외출을 자제한 후 총수요가 급감한 상태에서 나머지 소비자가 선택할 수 있었던 치킨집이 너무 많았던 탓이다. 또한 여의도 치킨집들이 가게별 맛의 변별력에서 큰 차이가 없었다. 즉 진입장벽이 낮았고, 제품의 경쟁력도 없었다. 결국 치킨집은 기존 소비자의 치킨에 대한 큰 수요에만 의존했고 그 수요가 급감하자 폐업할 수밖에 없었다.

이제 곱창집과 미용실이 남았다. 치킨집 이후 소비자가 급감하여 폐업을 고민 중인 가게는 현재 소곱창집이다. 소곱창집 운영은 분명 진입장벽이 있다. 소곱창은 원재료의 수급이 원활해야 하고, 가격 변동에 적절히 대처해야 하므로 곱창 공급자와 긴밀한 관계를 맺어야 한다. 또한 소곱창 손질도 까다롭기로 알려졌다. 소곱창집이 흔하지 않은 이유다. 그러나 소곱창집은 '가장 낮은 곳'에 있지 않다. 단가가 비싸며 맛에 대한 호불호가 있고 소화력이 원활하지 않은 고연령층은 기피하는 메뉴다. 따라서 소곱창은 치킨과는 다르게 일정 수준의 경제력을 갖춘 20대에서 50대까지 일부 소비자를 타깃으로 한다. 결국 소곱창은 진입장벽은 높으나 제한적인 소비자가 때로 비싼 가격을 내가며 '선택적'으로 소비하는 음식이기 때문에 마찬가지로 총수요 급감에 타격을 받을 수밖에 없었다.

남성 직장인 전용 미용실은 코로나19라는 위기에도 매출에 영향을 받지 않았다. 이유가 무엇일까? 심지어 소비자는 미용사와 '대면'하여 최소 10분 이상을 함께해야 하는데 말이다. 두 가지 이유가 있다. 첫 번째는 총수요가 줄지 않았다는 점, 두 번째는 '가격'을 핵심 경쟁력으로 삼았다는 점이다. 남성 전용 미용실은 스타일이나 심미를 추구하는 멋쟁이 남성을 타깃으로 하지 않는다. 우리 주변에서 쉽게 마주하는 40대 이상의 평범한 월급쟁이 아저씨를 대상으로 헤어커트 서비스를 제공한다. 따라서 시중의 2만 원 내외의 커트 가격이 이 미용실에서는 절반 가격인 1만 원에 불과했다. 헤어 커트 후 머리도 혼자 감아야 한다. 2만 원과 1만 원짜리 헤어 커트의 스타일 차이를 크게 구분하지 않는 아저씨 소비자는 당연히 이 가게를 찾는다.

더군다나 단정한 용모를 강조하는 금융권에서 치렁치렁 머리를 흩날리며 출근할 수는 없다. 소비자에게 커트는 필수 항목이므로 가게 입장에서는 총수요가 줄지 않았다. 결국 미용실은 진입장벽이 낮은 곳에서 비록 제한적인 아저씨 고객을 타깃으로 하지만, 외부 리스크로 인한 고정 고객의 이탈이 발생하지 않았다. 요약하면 이렇다.

치킨집, 곱창집, 미용실의 비교

구분	진입장벽	타깃 고객	핵심 경쟁력	고객의 소비 행태	위기의 결과
치킨집	낮음	모든 직장인	없음	선택적	폐업
곱창집	높음	일부 직장인	일부의 기호	선택적	폐업 고민 중
미용실	낮음	일부 직장인	있음(가격)	필수적	매출에 영향 없음

사업에는 매 순간 위험이 찾아온다. 내부적으로 또 외부적으로 기업가가 통제할 수 없는 변수가 너무 많다. 치열한 결전을 준비하던 어느 날 갑자기 공동창업자가 회사를 나갈 수도 있고 강력한 경쟁자가 수백억 원 투자를 유치하여 시장을 뒤흔들 수도 있다.

금융에는 스트레스 테스트^{stress test}라는 게 있다. 발생 가능한 변수 (환율, 총생산 등)들로 가상의 충격을 가했을 때 금융 시스템이 원활히 작동하는지 테스트하여 점검해 보는 것을 말한다. 위 사례에서 세 가게는 총수요의 급감이라는 외부 리스크를 맞아 각각 다르게 작동했다. 이들 가게의 성패 원인을 크게 두 가지로 생각해 볼 수 있다.

첫 번째는 고정 고객, 즉 마니아층을 확보했는지 또는 확보할 가능성이 있는지다. 현재 곱창집이 비록 폐업을 고려하고 있지만 여전히 일부 곱창 마니아들은 이 집을 찾아온다. 그래서 이 곱창집은 그나마 버틸 수 있으며 비록 적자이더라도 큰 폭의 적자는 면할 수 있다. 또한 진입장벽이 높은 만큼 소비자의 선택지가 다양하지 않다. 곱창집의 핵심 경쟁력인 맛을 잘 유지한다면 마니아층이 형성된 총수요는 언젠가 회복될 것이다. 지금은 비록 적자로 폐업을 고민 중이지만 이 기간을 잘 버티면 희망을 품을 수 있다.

두 번째는 소비자가 해당 소비를 필수적으로 느끼는지다. 사실 전염병이 창궐한 상황에서 대면 접촉을 꺼리는 어느 직장인 아저씨가 머리를 치렁치렁 흩날린다고 비난할 사람은 아무도 없다. 따라서 헤어 커트 소비를 보편적인 인간의 필수 소비라고 보기 어렵다. 그러나 다른 일터와 다르게 정장을 입고 출근하는 여의도 직장인 아저씨는 '용모단정'이라는 관습 때문에, 즉 여의도 직장인은 다른 곳의 직장인들보다 매슬로의 5단계 중 3단계 욕구인 '소속감과 애정의 욕구'가 강하기 때문에 헤어 커트 소비를 필수라고 여긴다. 이 남성 전용 미용실은 그러한 소비자층이 공고한 지역에 적절히 위치해 있다는 것과 일반 미용실의 절반 가격을 책정한 가격경쟁력을 내세운 점이 주효했다. 이 두 가지 요소가 상호 작용하여 총수요 급감이라는 외부 환경 변화에도 매출에 영향을 받지 않았다.

원칙 3. 최소한의 안전망은 필요하다

어쩌면 우리는 조만간 여름휴가를 우주로 갈 수 있을지도 모르겠다. 일론 머스크는 현실의 정반대 쪽에 있는, 한마디로 초현실적인 인간이다. 저돌적인 그는 일단 모든 걸 관두고 머릿속으로 상상하는 바로 그곳에 뛰어들어, 뒤돌아보지 않고 집중해서 끝장을 내라고 한다. 그가 페이팔을 매각하고 그 자금으로 테슬라와 스페이스X라는 희대의 혁신 기업을 창업해 성공시킨 사례는 유명하다. 그러나 그 과정은 그리 순탄치 않았다.

테슬라는 비록 몇 년 전까지만 해도 변속기와 배터리, 오토파일럿의 고질적인 문제로 끊임없이 비웃음을 샀으며 그때마다 매번 주가는 폭락하며 공매도 세력에 시달렸다. 게다가 2002년 설립한 스페이스X는 2008년의 3차 로켓 발사까지 죄다 실패했다. 페이팔의 매각으로 31세의 나이에 1.7억 달러(약 2천억 원)의 부를 거머쥐었던 일론 머스크는 새로운 투자에 모조리 쏟아부어 파산 직전까지 갔다. 이 혼돈의 기간에 그가 테슬라와 스페이스X에만 몰입한 건 아니다. 솔라시티Sola City를 설립했으며, 하이퍼루프 프로젝트Hyperloop Project로 약 여섯 시간이 소요되는 샌프란시스코와 로스앤젤레스를 단 30분 만에 주파하는 운송 프로젝트를 진행 중이다. 도심 지하에 터널을 뚫어 같은 속도로 자가용이 다닐 수 있게 하려는 더보링컴퍼니The Boring Company를 설립했으며, 인공지능 프로젝트Open AI, 뇌와 컴퓨터를 연

123

결하는 뉴럴링크^{Neuralink}도 설립했다. 이 와중에 이혼을 두 번이나 했다. 일에 미친 천재와 결혼해서 같이 산다는 건 어떤 느낌일지 상상하기 어렵다.

일론 머스크는 소위 '세상'을 뒤집어 놓았기 때문에 제2의 스티브 잡스로 평가받는다. 그의 성공 신화에 많은 사람이 동기부여를 받는 것 같다. 현재 교보문고 웹사이트에서 그의 이름으로 검색하면 무려 20여 개의 책이 검색된다. 그 수식어도 다양하다. 미래의 설계자, 일론 머스크의 442시간, 일론 머스크의 세상을 바꾸는 도전…….

우리는 어떻게 해야 할까? 일론 머스크처럼 앞뒤 돌아보지 않고 미친 듯이 있는 돈 없는 돈을 모두 쏟아서 세상을 뒤집어야 할까? 아니면 그런 사람은 외계나 미래에서 온 사람이라고 자조하며 차분히 일상에서 기회를 찾아야 할까? 다음은 몇 년 전 《하버드 비즈니스 리뷰$^{Harvard Business Review}$》에 실린 사례를 우리에게 맞게 각색해 본 것이다.

> 안홍준 씨는 지난 10년 동안 항상 자신에게 되물었다.
> "내가 일한 10년 동안 대체 나 자신을 위해 일한 시간은 얼마나 될까? 나는 이렇게 남 일이나 거들며 내 인생을 마감해야 하나?"
> 그러나 그는 쉽게 결정하지 못했다. 국내 최고의 광고회사에서 자기 일을 즐기며 전문성을 쌓아 갔지만, 여전히 자신의 경험과 능력에 자신감이 없었기 때문이다. 게다가 직장을 그만두

면 4대 보험이 없어진다는 불안감도 있었다. 그렇게 시간은 흘렀고 비로소 2015년 크리스마스에 이르러 결정을 내린다. 그는 아내에게 자신이 걷고 싶은 길에 관해 이야기했고, 그 말을 들은 아내는 "괜찮아. 당신을 믿어. 지금 그 생각 망설이지 마."라고 말했다. 아내의 응원에도 불구하고 그는 당장 직장을 그만두지는 않았다. 향후 6개월 동안 수입 단절을 가정하고 사업에 필요한 것들을 차근차근 준비하기 시작했다.

공동창업자와 주말마다 사업에 대해 논의했다. 우선 가장 필요한 재정적(돈) 계획을 수립했고, 무려 향후 7개년의 사업 계획도 꼼꼼히 수립했다. 남은 인생에 본인이 해야 할 일, 하고 싶지 않은 일 등 일종의 철학적인 문제도 정리했고, 본인의 광고 기술을 이용한 틈새시장과 잠재 고객을 찾는 데 주력했다. 그러나 현재 직장의 고객을 대상으로 영업하지는 않았다. 퇴사하지 않은 상태에서 그런 행위는 비윤리적이라고 생각했고 그 사실이 알려졌을 경우 평판에 타격을 입을 수 있기 때문이었다. 모든 계획이 완료되자 본인의 계획에 대한 확신이 생겼다.

마침내 그는 사표를 던졌다. 사업 계획 후 약 6개월이 지난 시점이었다. 철저한 준비 덕에 이내 광고 수주에 성공했다. 그는 현재 광고회사의 대표이사다. 회사 다닐 때와는 달리 이제 '내 일'을 하고 있다. 물론 더 많은 수입도 생겼다.

시중에 나와 있는 많은 책에서 일론 머스크를 본보기 삼아 추진력, 미래를 보는 통찰, 자신감, 역경을 극복하는 회복탄력성, 집요함, 인내 등을 강조한다. 2천억 원을 날리고 더 이상 차입이 안 될 정도로 빈털터리 상태에서도 용기를 잃지 않고 끝까지 밀고 나가는 그의 의지력과 신념에 탄복한다. 물론 전부 맞는 말이다. 성공한 사람들은 그렇게 성공했다. 그러나 사실 잘 생각해 보면 우리는 이미 그런 성공 요인들을 전부 알고 있다. 신념이 약한 사람이나 주저하는 사람은 성공하지 못한다고 배워 왔기 때문이다. 단지 우리는 일론 머스크를 통해 그간 우리가 배운 내용들이 틀리지 않았음을 확인할 수 있을 뿐이다. 그 이상의 의미는 없다. 우리는 그들과 달리 땅에 발을 붙이고 살아가는 사람들이다.

난 단 한 번의 이직 없이 한 직장에서 9년간 일했다. 그러다 어느 날 갑자기 사업을 해야겠다는 생각이 들었다. 2주 후 별 고민 없이 사직서를 제출했다. 내 실력에 스스로 자신 있었다. 그 후 약 1년 동안 얼어붙은 광야에서 무수입 상태로 고통당하며, 제대로 된 준비 없이 회사를 나온 것에 무척 후회했다.

창업가에게 필요한 것은 사람이지만, 창업가를 가장 괴롭게 하는 것은 돈이다. 사업가들은 기본적으로 충동적 성향이 강한 편이다. 그래서 남들보다 뭔가에 도전하는 게 더 쉬울 수도 있다. 그러나 사업가들은 종종 이 둘을 착각한다. 충동과 결단력을 잘 구분해야 한다.

난 당시 이 두 개념을 오해했다. 난 평소 결단력이 강한 사람 축에 속하지만 퇴사하는 과정은 충동에 가까웠다. 자신이 뭔가를 결단했다면, 그 결단의 책임 또한 자신이 져야 한다. 책임의식 없이 단지 결단 후 빠르게 실행에만 옮겼다면 그것은 충동이며 그 일을 그르칠 공산이 크다.

위 사례의 주인공은 나와는 다르게 매우 현명하게 퇴사한 후 창업했다. 월급이라는 현금흐름을 자연스럽게 영업활동에 따른 현금흐름으로 이전시켰다. 나와는 달리 이상적인 시작이 아닐 수 없다.

성공 방정식 8

혼자 할 것인가,
함께 할 것인가

"직원은 몇 명이야? 사무실은 어디야? 커? 이제 좀 자리 잡았어? 잘 돼? 뭐 하는 사업이야?"

스타트업을 시작하고 일정 시간이 흘러 친구나 지인을 만났을 때 흔히 듣는 질문이다. 사실 많은 창업가가 이런 질문 때문에 모임에 나가거나 사람 만나기를 주저하며 스스로 고립되기도 한다.

직원이 몇 명이라고 대답하면 분명 "정말? 직원들 월급 주기 힘들지 않아?"와 같은 가벼운(그러나 스타트업 창업가에겐 절대 가볍지 않은) 질문이 이어진다. 진행 중인 프로젝트나 사업 아이템을 설명해 주면 일말의 고민 없이 이런저런 훈수나 조언을 하려고 든다. 창업가가 며칠 밤을 새워 가며 기획해서 현재 진행해 나가고 있는 바로 그 프로젝트에 대해서 말이다! 이제 자리 좀 잡았다고 대답하면 거짓말 같고, 힘들다고 대답하면 자존심이 상해서 대개는 이렇게 대답한다. "점점 자리 잡히고 있어. 열심히 하고 있어." 그러고 집으로 돌아와 '전혀 사업을 이해하지 못하는 순진한 사람들'이라 위안하며 쓸쓸한 마음을 누그러뜨리곤 잠자리에 든다. 그렇게 점점 모임에 나가거나 사람 만나기가 싫어진다.

누구도 당신의 성공을 바라지 않는다

이것 하나만 기억하자. 스타트업을 창업했을 때 그 누구도 당신의 성공을 바라지 않는다는 것. 지인이 직원 수와 회사의 흥망을 물어봤을 때 당신이 고통을 호소하며 체념한 듯 대답한다면 그는 자신도 모르게 카타르시스를 느낄 것이다. 반면에 당신이 자신만만하게 성공에 대해 말한다면 그는 무의식적으로 과장한다고 여기거나 질투를 느낄 것이다. 그래서 독일어에는 '샤덴프로이데schadenfreude'라는 단어가 있다. 손실, 불이익을 뜻하는 '샤덴'과 기쁨, 즐거움을 뜻하는 '프로이데'를 합성한 것으로, 타인의 불행에 카타르시스를 느끼는 감정을 뜻한다. 또 실리콘밸리에서 흔히 들을 수 있는 격언 하나가 있다.

> "누구도 당신의 사업이 성공한다고 생각하지 않고 성공을 바라
> 지도 않는다. 당신은 모든 사람에게 '거봐. 당신은 틀렸어. 내가
> 옳았어.'라고 반증해야 하는 운명에 처해 있다."

그래서 동양의 옛 어른들은 장사하는 사람들에게 이렇게 말하고 다니라고 했다. "물어보면 잘된다고 절대 말하지 마세요. 항상 어렵다고 말하세요. 그래야 비로소 그들은 기뻐하며 당신을 도와줄 것입니다."

수많은 사람이 당신을 응원한다고 겉으로는 말한다. 그러나 당신

의 성공을 바라는 사람은 부모님을 빼고 거의 없다고 생각하면 된다. 그러나 당신과 함께 같은 배를 탄 공동창업자co-founder가 있다면 그는 분명 전략적 동지이며 같은 사업적 목표를 향해 전진하는 '내 편'임이 분명하다. 앞서 말했듯 공동창업자가 있으면 1인 창업보다 유리하다. 내가 조금 방심할 때 혹은 초심을 잃었을 때 제약을 줄 수 있고, 또 1인 창업보다 성공할 확률이 높다는 미국 퍼스트라운드 보고서도 있다. 공동창업의 여러 장점을 차치하더라도 사업적으로 나 자신 외에 내 편이 한 명 이상 있다는 것은 분명 창업가에게 심적으로 굉장한 힘이 된다.

문제는 분쟁이 일어났을 때다. 공동창업으로 시작한 많은 스타트업이 사업의 본질보다는 창업자 간의 분쟁으로 쓸데없이 시간을 낭비하거나 실패한다. 이러한 분쟁은 '돈을 벌면 해결되겠지.'라고 가볍게 생각할 수 있겠지만 돈을 벌면 때로 그 분쟁은 단순한 감정싸움을 넘어 법적 대결과 같은 극한 상황으로 치닫기도 한다.

10여 년 전에 있었던 일이다. 한 해 700억 원의 매출을 달성하고 당기순이익이 60억 원에 달할 만큼 우수한 중견기업이 있었다. 이 회사는 당시 기업공개 준비를 위해 주관사의 실사를 받고 있었다. 그런데 문제가 발생했다. 이 회사에 누적된 가지급금(당해 법인의 업무와 관련이 없는 자금의 대여액)이 무려 120억 원에 달했다. 이 상태로 기업공개는 불가능했다. 설립 이후부터 발생한 가지급금을 검토해 보니 그 이유가 어처구니없었다.

이 회사는 절친이었던 학부 동기 4인이 10년 전에 설립했다. 자본금은 각각 25%씩 출자했고 4인 모두 대표이사로 등기했다. 어느 날 이 4인 중 A가 주택 구입 명목으로 회사에서 대출(회사 입장에서는 가지급금)을 받았다. 그러자 B, C, D도 별 이유 없이 경쟁적으로 같은 금액을 회사에서 가져갔다. 대표이사들 사이에 앙금이 있었던 탓도 있었겠지만 무엇보다 회계 지식이 없었기 때문에 벌어진 어처구니없는 일이었다. 이런 식의 가지급금이 수차례나 발생했다.

다행히 이들 모두 회사에서 가져간(빌린) 금액을 상환할 능력은 있었다. 문제는 '기록'이었다. 이 모든 기록은 이미 장부에 남아 있었기 때문에 기업공개 심사기관인 한국거래소는 분명 향후의 재발을 우려할 게 분명했다. 고민 끝에 회사는 3인 주주들의 지분 일부를 1인에게 양도하여 1인 최대주주를 만들고, 1인 대표이사 체제로 전환하겠다고 결정했다. 그러나 누가 1인 대표이사가 될지를 두고 크고 작은 다툼이 1년간 반복됐다. 매우 친했던 학부 동기 4인이 설립한 회사였음에도 불구하고 다툼은 극한 상황으로 치달았다.

마침내 이 과정에서 환멸을 느낀 C와 D는 지분을 모두 A에게 양도하고 회사를 떠나겠다고 했다. 이 경우 A의 지분율은 75%가 된다. 그러나 B는 있을 수 없는 일이라며 반발했다. 더군다나 B는 회사를 망치게 할 정도의 영향력이 있었기 때문에 아무도 B를 무시할 수 없었다. 결국 C는 A에게, D는 B에게 지분을 양도했다. 결과는 우습게

끝났다. C와 D는 없지만 지금도 여전히 A와 B는 최대주주이자 공동 대표로 남은 것이다. 가지급금 문제는 여전히 해결 중이며 기업공개 는 청구조차 하지 못했다. 그리고 환멸을 느껴 회사를 떠난 D는 시름 시름 앓다가 몇 년 후 지병으로 사망했다.

창업하기로 했을 때 분명 공동창업은 단독창업보다 실패의 위험 이 낮다. 위 회사 또한 공동창업이었기에 각자 역량을 발휘해 10년 만에 매우 우수한 실적을 달성할 수 있었을 터다. 그러나 결과는 썩 좋아 보이지 않는다. 그렇다면 혼자가 아닌 공동창업을 결정했을 때 과연 어떤 사람과 함께하는 게 좋을까?

가장 이상적인 공동창업자의 자질 10가지

레퓨테이션닷컴(reputation.com)의 설립자이자 저명한 저술가로 널리 알려진 마이클 퍼틱Michael Fertik은 2011년《하버드 비즈니스 리 뷰》에 '공동창업자를 선택하는 방법How to Pick a Co-Founder'이라는 글을 기고했다. 그 내용을 요약하여 인용하면 다음과 같다.

① 상호 보완적인 기질

"긴장되는 순간 당신이 뜨거워지는 경향이 있다면 이 경우 냉정함 을 유지할 수 있는 사람을 찾으세요. 물과 기름을 의미하는 게 아닙니 다. 각각의 성격을 보완해 줄 수 있는 다양성을 찾으라는 말입니다."

② 다른 전문 분야

"만약 당신이 기술자라면 그 제품을 시장에 영업할 리더가 필요합니다. 다만 기술 집약적 비즈니스라서 창업자 모두가 기술자여야 한다면 그 분야를 설계와 엔지니어링으로 나눌 수 있는 사람이 좋습니다."

③ 유사한 작업 습관

"일과 삶의 균형을 함께 공유하고 맞춰 갈 수 있는 공동창업자가 좋습니다."

④ 자급자족할 수 있는 사람

"공동창업자는 직원과는 다릅니다. 당신이 말하지 않더라도 스스로 일할 수 있는 사람이어야 합니다. 이것은 공동창업자에게 요구되는 절대적인 사항입니다."

⑤ 함께 일해 본 사람

"가능하면 함께 일해 본 사람이 좋습니다. 수년 동안 우정을 쌓은 친구나 MBA 동기를 공동창업자로 선택하는 것은 매우 나쁜 선택입니다. 함께 일해 보기 전에는 상대방의 진면목을 알 수 없습니다."

⑥ 정서적 회복이 빠른 사람

"스타트업을 경영하다 보면 항상 상황이 나빠지기 마련입니다.

당신이 아무리 열정적인 사람이라 할지라도 맥이 빠질 수 있습니다. 이 경우 정서적 회복이 빠른 사람이 좋은 공동창업자입니다."

⑦ 완벽한 정직

"당신과 파트너는 무조건 서로에게 진실만을 말해야 합니다. 사업의 모든 순간에는 당신이 마땅히 알아야 하는 것들이 있습니다. 그런 말을 하는 데 주저하는 파트너는 절대 피해야 합니다."

⑧ 편안하고 자신감 있는 사람

"두려움과 불안감이 강한 사람은 파트너십을 훼손시킵니다. 최고의 공동창업자는 자신을 잘 알고 자신감이 있는 사람입니다. 이런 파트너와는 다툼이 적어집니다."

⑨ 당신이 좋아하는 성격

"많은 사람이 이를 놓치는 것을 보고 놀랐습니다. 당신은 배우자보다도 파트너와 더 많은 시간을 보냅니다. 당신이 사업 파트너를 좋아하지 않는다면 사업 구축에 애를 먹을 것입니다."

⑩ 같은 비전

"공동창업자는 시작하는 비즈니스의 핵심 비전을 명확히 이해해야 합니다. 스타트업이 실패하는 여러 이유 중 하나는 바로 '비전 불일치'입니다.

공동창업자는 많을수록 좋다

나는 공동창업을 시도조차 해 본 적이 없다. 이것은 순전히 내 성향 때문이다. 내 주변 사람들은 나를 매우 관계 지향적이고 외향적인 사람으로 보지만 사실 그렇지 않다. 여러 사람과 어울리기보다 몇몇 사람들과 깊은 관계를 맺는 것을 더 좋아한다. 친구들과 어울려 땀흘리는 축구와 농구를 무척이나 좋아하지만, 그보다는 42.195km를 달리는 마라톤 경기를 네 시간 안에 완주했을 때 더 큰 희열을 느낀다. 그룹으로 하는 필라테스나 스피닝(실내 사이클) 역시 매우 훌륭한 운동이라 생각하지만, 그보다 혼자 끙끙대며 웨이트트레이닝에 몰두하는 시간이 더 즐겁다.

한때 록밴드 보컬을 했었는데 항상 내가 주도적으로 밴드를 구성했다. 누구의 곡도 받지 않고 내가 작곡한 곡만 연주했다. 직원들로 떠들썩했던 회사를 매각하고 한 평이 채 되지 않는 공유오피스의 1인실에 틀어박혀 글을 쓰고 있어도 그다지 외롭지 않은 이유는 바로 이런 나의 성향에 있다. 하지만 나의 이런 성향 때문에 사업하면서 어려움을 겪었다. 밴드에 비유하자면, 피아노와 기타를 연주할 줄 아는 내가 밴드를 구성하기 위해 베이시스트와 드러머를 구하는 대신 스스로 연습실에 틀어박혀 베이스와 드럼을 익히는 것과 같다. 그래서 결과적으로 여러 좋은 기회가 많았음에도 불구하고, 난 소기의 사업성과를 온전히 얻어내지 못했다.

나와 비슷한 성향이 꽤 많으리라 본다. 아이러니하게도 이런 성향의 사람들이 사업에 도전하는 경향이 강하다는 보고서를 읽은 적이 있다. 설령 그렇다 하더라도 되도록 1인 창업은 피하는 것이 좋다. 미국 퍼스트라운드 보고서의 실증 연구에서도 스타트업의 대표적인 실패 원인을 1인 창업으로 꼽고 있다.

공동창업을 한다면 인원은 몇 명이 적당할까? 이에 대한 정확한 답은 없다. 영위하는 사업마다 차이가 있다. 가상현실VR 헤드셋으로 유명한 오큘러스VROculus VR의 사례를 보자.

2014년 페이스북은 가상현실 기기를 개발한 스타트업, 오큘러스VR을 23억 달러(약 2조 7천억 원)에 인수했다. 2012년 7월에 설립된 이 스타트업의 공동 창업자는 4명으로 알려져 있다. 1992년생 팔머 럭키Palmer Luckey가 먼저 주도적으로 VR 헤드셋의 프로토타입인 리프트Rift를 개발했다. 그리고 PC게임 인터페이스 기술을 제공하던 스케일폼Scaleform의 공동설립자 브랜든 이라이브Brendan Iribe와 최고기술책임자CTO 마이클 안토노프Michael Antonov, 제품 엔지니어링을 담당했던 네이트 미셸Nate Mitchell이 팔머 럭키와 의기투합했다. 네 명 모두 프로그래밍과 관련한 산업에 이해가 깊은 인재들이었다.

설립한 지 1년 후 미국의 저명한 비디오 게임 프로그래머 존 카맥

John D. Carmack이 CTO로 합류했는데, 그는 전설적인 3D 게임 Doom과 Quake를 만든 장본인이었다. 존 카맥은 이미 2012년에 전자엔터테인먼트엑스포Electronic Entertainment Expo 2012에서 팔머 럭키의 프로토타입인 리프트에 그가 만든 게임 Doom을 시연하여 엑스포를 방문한 수천 명에게 선풍적 인기를 끈 적이 있었다. 브랜든 이라이브가 CEO를 맡아 경영을 총괄했다. 회사 설립 후 브랜든 이라이브는 그의 전 회사 스케일폼에서 한국 총판을 담당했던 한국인 서동일을 합류시켰다. 그는 한국의 탄탄한 게임 시장과 트렌디한 소비자 성향을 알고 있었다. 오큘러스VR은 가장 먼저 한국에 지사를 설립했고, 그 후 2015년 삼성전자와 함께 갤럭시 스마트폰용 '삼성 기어 VR'을 개발하여 출시했다.

2012년에 법인을 설립하여 약 2년 만에 2조 7천억 원이라는 천문학적 대금을 받고 페이스북에 지분 매각을 완료한 오큘러스에는, 우선 오랜 기간 제품 개발에 몰두했던 팔머 럭키라는 메인 창업가가 있었다. 너무나도 훌륭한 프로토타입을 완성한 그였지만 팔머 럭키는 경영과는 거리가 있었다. 혼자서는 어떤 것도 할 수 없고, 너무 많은 시간이 걸린다는 것도 충분히 알고 있었다. 그래서 브랜든 이라이브라는 유능한 CEO와 손잡았다. 그리고 브랜든 이라이브는 러시아 출신의 천재적인 프로그래머 마이클 안토노프를 합류시켰고, 급기야 저명한 비디오 게임 개발자인 존 카맥도 CTO로 합류했다.

공동창업을 염두에 두고 있다면 우선 필수적으로 각각의 포지션에 대한 명확한 사고가 있어야 한다. 내가 프로토타입을 독자적으로 개발할 수 있는 사람인지(팔머 럭키), 유능한 인재를 발견해 내거나 이미 알고 있는 사람인지(존 카맥), 유능한 인재를 밑에 두고 투자자들과 협상을 벌이며 사업을 키워 낼 수 있는 사람인지(브랜든 이라이브) 미리 파악해 두고 사업을 벌여야 한다. 공동창업자의 수※는 많으면 많을수록 좋다.

  공동창업을 시작했다면 본인의 지분율에 집착하는 잘못을 범하지 말자. 사업가의 100% 지분이 빚으로 점철된 휴지조각이 되는 데는 그리 오랜 시간이 걸리지 않는다. 본인이 10%의 지분을 쥐고 있더라도 회사를 키워 내 1천억 원 가치로 회사를 매각했다면, 양도세(20%)를 제하더라도 약 80억 원의 현금이 들어온다. 배달의민족이 4조 7,500억 원에 회사를 매각했을 때 김봉진과 경영진들이 보유한 지분율은 13%에 불과했다. 금액으로는 6,175억 원 수준이다.

  하나의 사업 아이템에 몰려든 공동창업자들이 많으면 많을수록 리스크는 줄어든다. 그리고 자연스럽게 그들이 보유한 각각의 네트워크가 작동하여 비즈니스를 제대로 구축할 수 있다.

성공 방정식 9

처음 시작할 때의
능동성을 잊지 마라

금융회사 대리 시절, 선배들은 내게 통통 튀는 물고기 같다고 했다. 그만큼 에너지가 충만하고 민첩했던 시기였다. 대부분의 IB 조직은 실무 파트와 영업 파트로 구분된다. 과·차장급 이하의 직원들은 보통 기업 가치평가valuation를 중심으로 한 문서 작성 업무를 주로 한다. 그리고 이들이 경험과 실력을 쌓고 차·부장급 이상이 되면 비로소 여러 기업과 네트워크를 쌓으며 관계를 맺어 기업공개나 M&A 같은 프로젝트 수주 영업을 한다.

전 세계 대리들이 그렇듯 나 또한 대리 1년 차가 되었을 때 IB의 모든 것을 아는 양 거만을 떨어댔다. 이 '물고기 대리'는 당연히 영업을 하고 싶었다. 수천억 원의 프로젝트를 내 손으로 수주하여 으스대며 선배들처럼 인센티브를 받고 싶었다. 매일 밤 11시까지 파워포인트와 엑셀을 돌리는 건 이제 내 일이 아니라고 생각했다. 그때부터 난 가끔 연차 휴가를 내기 시작했다. 휴가 때, 짬짬이 몰래 작성해 둔 환상적인(지금 생각해 보면 수준이 이루 말할 수 없이 낮지만) 제안서를 들고 타깃으로 삼은 기업들을 방문했다. 해당 기업의 사장이 만나 주지 않을 때는 무작정 회사 앞에서 사장을 기다렸다. 물론 계약에 성공한 경우는 단 한 건도 없었다. 어쨌든 내게는 어린 시절부터 이런 능동적인 기질이 있었다. 약 9년 동안 근무했던 직장과 사랑했던 직장 동료들을 뒤로하고 스타트업을 시작한 데에는 분명 이런 능동성이 크게 작용했다.

당신은 더 이상 종업원이 아니다

내 사업을 시작한 후에야 비로소 깨달았다. 내가 매우 수동적인 인간이라는 사실을 말이다. 직장 생활을 하는 동안 난 직장 동료들과 함께 야근과 주말 근무를 수없이 했었다. 주로 프로젝트 만기일이 다가와 주중의 업무 시간으로는 감당이 되지 않을 때다. 막 사업을 시작했을 때도 상황이 다르지 않았다.

얼마 되지 않는 스타트업의 자본은 매일매일 사무실 임차료와 급여로 빠져나간다. 주말도 예외가 아니다. 그래서 사업을 하루라도 빨리 궤도에 올려놓고 싶다면 최대한 시간을 아껴야 한다. 통상적으로 스타트업의 대표는 극한 야근과 주말 근무에 시달리기 마련이다.

당시 스타트업을 시작한 내게 의아한 점이 있었다. 사업 초기에 응당 해야 하는 야근과 주말 근무가 생각만큼 쉽지 않았다. 타인에게 급여를 받을 때는 당연하다고 생각했던 야근과 주말 근무가 정작 내 일을 할 때는 아이러니하게도 힘이 드는 것이었다. 나이가 들어서인가, 열정이 죽어서인가? 곰곰 따져 보니 이유를 짐작할 수 있었다. 자유가 찾아왔기 때문이다. 어느 날 운명처럼 갑자기 찾아온 자유의 무게는 생각보다 무거웠다.

에리히 프롬Erich Fromm은 그의 저서 『자유로부터의 도피』에서 다음과 같은 의문을 제기한다. "유럽의 중세 봉건 사회에서 여러 희생을 치르며 비로소 자유를 얻은 시민들은 왜 독일의 파시즘에 열광했을까? 왜 그들은 다시 권위주의적 속박 시스템으로 돌아갔을까?"

우리는 항상 자유를 갈망한다. 그러나 자유에는 반드시 지켜야 할 두 가지 속성이 있다. 자기 결정과 자기 책임이다. 즉 '자유'라는 것의 속성에는 사전적 의미만 있는 것이 아니다. 그 속에는 외로움도 있고 투쟁도 있다.

회사를 벗어나 자유로워진 만큼 이제 나를 통제할 수 있는 사람은 나밖에 없었다. 월급쟁이 시절과 다르게 오늘 끝내지 못한 일을 내일한다고 해서 나를 채근하는 사람은 아무도 없었다. 월급쟁이 시절에는 비록 밥 먹듯 야근을 했지만 능동적으로 원해서 했다고 볼 순 없다. 회사라는 시스템 안에서 보여 주기 식의 조직 지향적인 야근을 했기 때문에, 늘 마음 한편에는 '이 야근에서 해방되고 싶다'는 간절한 욕망이 있었다. 사업을 시작하며 머리로는 시간 절약을 위해 야근이 필수라고 되뇌었지만, 야근은 '나쁜 것', '해방되어야 하는 것'이라는 생각이 잠재의식 속에 똬리를 틀고 있었으니 일이 잘될 리가 없었다.

실제로 난 사업 초기 나 자신을 통제하지 못한 적이 상당히 많았다. 월급쟁이 시절 몸에 익혔던 비효율적인 버릇을 그대로 내 사업에 가져오기도 했다. 여유롭게 한 시간 반 정도 점심 식사를 하고 사무실에 들어와서 분명 업무 시간임에도 멍하게 1시간 정도 웹 서핑을 하기도 했다. SNS 친구들과 쓸모없는 세상의 가십거리로 대화를 나누며 시간을 허비할 때도 많았다. 그 바쁜 사업 초기에 말이다. 오후 6시가 다가오면 퇴근하고 싶어 온몸이 근질근질했다. 내 돈을 투자하여 남의 일이 아닌 그토록 바라던 '내 일'을 하고 있는데 말이다! 왜냐고? 회사에 다니며 선배들과 동료들과 함께 익혔던 그 습관이 아직 그대로 내 몸에 남아 있었기 때문이다.

금융 스타트업 기업가인 지인이 있다. A와 B는 학부 동기 사이로, 졸업 후 둘은 각각 금융회사에서 펀드매니저로 경력을 쌓았다. 2년 전 사회에서 다시 만난 이들은 의기투합하여 헤지펀드^{hedge fund} 자산 운용사를 설립했다. 둘의 가능성을 크게 본 자산가가 이 회사의 설립에 큰돈을 투자했다. A와 B는 주주이자 공동대표로, 자산가는 주주로만 남기로 했다.

2년이 흐른 현재, 회사 상황은 그다지 나아지지 않았다. 무엇보다 A는 B에게 두 가지의 불만이 있었다. 첫 번째는 B의 태도다. B는 펀드매니저 특유의 비판적 태도로 경영을 대한다. 속도보다 절차를 중시하고 리스크를 가급적 피하려 한다. B와 달리 A는 스타트업이라면 뭐든 열정적으로 시도해 보고 긍정적인 시각으로 브레인스토밍을 통해 과감히 리스크에 도전해야 한다고 생각한다.

두 번째는 B의 근무 시간이다. 펀드매니저는 직업 특성상 출근과 퇴근 시간이 빠르다. 보통 8시 전에 출근하여 5시 전에 퇴근한다. 그러나 B는 창업 후에도 이러한 근태를 지키고 있다. 또 삶과 일의 균형을 중요하게 생각한다. 그러나 A의 생각은 다르다. A는 주식시장 마감 후에 비록 쓸데없는 토론일지라도 꾸준히 투자 대상과 방법에 대해 소통하고 팀원들을 빌드업하고 싶다.

A는 스타트업의 절박함을 호소하지만 B의 경우 일반 월급쟁이 펀드매니저가 일하는 방식을 그대로 본인 회사에 가져왔다. A와 B는 가치관의 차이로 지난 2년간 충돌이 잦았고 대화를 나눠도 접점을 찾지 못했다. 벌어진 틈은 쉽게 좁혀지지 않았다.

스타트업에서 자기능동성은 중요하다. 사업을 시작한 이상, 당신은 더 이상 종업원이 아니기 때문이다. 몸에 익은 월급쟁이 시절 낡은 습관을 과감히 버리고 사업을 처음 시작했을 때의 능동성을 기억하자.

자기 안의 능동성을 최대한 끌어내라

의외로 스타트업 기업가들에게 '할 일이 없다'는 말을 종종 듣는다. "할 일이 없다.", "뭘 해야 할지 막막하다." 그러나 생각해 보면 지극히 당연하다. 사업 계획을 하며 꼼꼼히 업무 계획과 전략을 수립했겠지만, 일부는 터무니없이 빨리 끝나버리고 또 일부는 실제와 다르고 나머지는 현실의 벽에 부딪혔기 때문이다. 당연히 막막함이 찾아오고 기업가들이 할 수 있는 게 줄어들 수밖에 없다.

이때 기업가들은 소비자들의 반응을 기다리거나, 상황과 시장의 변화를 살펴보거나, 자본이 확충되면 상황이 바뀔 것이라는 기대로 투자 유치에 나선다. 그러나 생각처럼 소비자와 시장의 패러다임은 쉽게 변하지 않는다. 또한 제한적인 매출과 불확실성을 기반으로 투자 유치에 성공할 확률은 지극히 낮다. 2008년 온라인 선물가게 그로멧The Grommet을 창업했던 줄스 피에리Jules Pieri가 했던 말을 음미해 볼 필요가 있다.

> "언론에서 말하는 스타트업에 대한 환상은 잊으세요. 대부분 거짓말입니다. 스타트업 중 절반은 1년 안에 망합니다. 살아남은 1인이 되려면 당신의 사업을 만드는 데에 집중하세요."
> ("Ignore the hype of startups that you see in the press. Mostly it's a pack of lies. Half of these startups will be dead in a year. So focus on 'building your business' so you can be the one left standing.")

모든 기업가는 'Building My Business'를 하려고 창업한다. 그러나 모든 일, 모든 도전이 그렇듯 어느새 능동성과 절박함은 점점 희미해지기 마련이다. 기업가는 매 순간 능동적이고 절박하게 사업해야 한다. 그렇지 않으면 줄스 피에리의 말처럼 곧 죽게 된다(will be dead).

환상적이고 섹시한 스타트업 기업가는 미디어에서나 존재한다. 앞의 사례에 소개한 펀드매니저 친구 A는 이런 말을 한 적이 있다.

> "난 내 안의 능동성을 끌어내기 위해 하루에 꼭 한 사람에게 전화하기를 실천하려고 해. 때로 그들 중 누군가는 전화를 받지 않기도 하고, 귀찮아하는 사람도 있지. 그래도 무턱대고 전화해서 잘 지내는지 안부를 묻고 밝게 웃어. 왜냐고? 언제든 그들의 도움이 필요할지 모르잖아. 1년, 2년 만에 전화해서 갑자기 도움을 요청하면 누가 그 부탁을 들어주겠어. 그래서 난 '1일 1전화 운동'을 시작했어."

할 일이 없다는 말은 뒤집어 생각해 보면 '능동성과 열정이 식었다'는 의미이기도 하다. 왜 할 일이 없겠는가? 친구 A처럼 1일 1전화 운동으로 기존 네트워크를 다질 수 있고, 내 회사가 속한 해외 산업의 동향을 리서치하며 전략을 다듬어 볼 수도 있고, 어느 회사의 아침 회의처럼 '쓸데없는 상상하기 캠페인'으로 창의적 데이터베이스를 축적할 수도 있다. 사실 스타트업을 시작한 기업가는 이 모든 것들을 이미 알고 있다. 무엇을 해야 하는지, 'Building My Business'가 무엇인지도 본능적으로 느낀다. 그러나 어쩌겠는가? 그 기업가 또한 인간인지라 능동성과 절박함이 조금씩 식어갈 수밖에 없는 것이다. 애초 품었던 원대한 야망과 다르게 조금씩 보이기 시작하는 사업적 한계가 서서히 드러나고 그 한계에 굴복해 가는 자신이 보이기 때문에 점점 힘이 빠져 간다. 그러나 그 한계에 굴복하면 필연적으로 사업은 죽을 수밖에 없다. 차라리 뭐가 됐든 끊임없이 기름을 붓고 맹렬히 태워 장렬히 산화하겠다고 다짐하는 편이 낫다. 그래야만 그 과정에서 비즈니스가 구축되고 기업이 소멸하지 않기 때문이다. 인간이 가진 능동성의 가장 끝에 성공한 기업가의 본질이 있다.

성공 방정식 10

정정당당하게
정공법으로

"사람들은 저마다 옳다고 믿는 삶의 원칙이 있다. 우리는 신념에 따라 살고 죽은 사람들을 안다. 신념에 따른 삶과 죽음이 훌륭하려면 먼저 그 신념이 훌륭해야 한다. 신념 자체가 훌륭하지 않으면 그 신념을 따르는 삶도 훌륭할 수 없다."

유시민이 저서 『어떻게 살 것인가』에서 한 말이다. 스타트업 창업가들도 저마다 신념을 가지고 사업을 시작한다. 단순히 돈을 많이 벌어 부자가 되고 싶은 것이 목적인 사람이 있는가 하면 세상을 바꿔보겠다는 사람도 있다. 그러나 유시민의 말처럼 창업에 대한 신념이 사회적인 해악이나 사회적 역기능에 기반한다면 그 신념을 따르는 창업은 훌륭할 수 없다. 나아가 해당 비즈니스의 본질 외의 것들과 마주할 공산이 크다.

위기에 부딪혔을 때

사회적 순기능과 역기능을 모두 가진 비즈니스로 스타트업을 시작하는 창업가들이 많다. 성형 조장 논란에서 자유롭지 못한 성형 애플리케이션, 저가 노동력 착취 논란을 일으키는 온라인 재능마켓 플랫폼, 심지어 긱이코노미gig economy 영역에서 배달이나 청소와 같은 일용직 종사자들을 대상으로 하는 스타트업의 플랫폼은 노동법 문제로 인해 지난 미국 대선에서 주요 쟁점이 되기도 했다.

이런 영역에 속하는 대부분의 창업가는 그 시작부터 이미 본인의 비즈니스에 대한 사회적 비난 가능성을 알고 있다. 때로 소비자 역시 그 소비행위가 비록 합법적 테두리에서 이뤄진다 하더라도 스스로 자신을 감추는 음성적 소비자일 가능성이 있다. 결국 이러한 형태의 비즈니스를 시작한다면 해당 비즈니스의 본질적 성장과 함께 그 역기능에 대한 리스크도 대비하는 전략이 필요하다. 본 사업을 아무리 잘해도 이러한 형태의 리스크는 사업을 통째로 집어삼킬 수 있기 때문이다.

사회적 비난을 누그러뜨릴 방안과 더불어 최악의 상황을 가정하여 그 이후의 비상계획도 세워 두는 것이 좋다. '타다'의 사례처럼 법의 테두리 안에서 합법적인 비즈니스를 시도하였더라도, 기존 질서를 파괴하는 면이 있다면 그 비즈니스가 불법이 될 수도 있다. 혹은 사회적 비난에 부닥칠 수도 있다. 이때 느끼는 수치심은 자신의 행동을 제약하기도 한다. 온 힘을 다해 정력적으로 역량을 발휘해도 부족한 이때 주변 환경의 눈치를 보며 위축된다. 때로 억울함을 호소하며 사회적 불공정을 외치는 데에 아까운 시간을 소비하기도 한다. 비록 본인의 비즈니스가 사회적 역기능은 있지만 한편으로는 다양한 소비자들의 필요를 충족시키고 사회의 불균형을 해소하는 순기능

도 있기 때문이다. '안되면 접자'와 같은 생각은 안일하다. 자신의 자
본금을 소진하는 것으로 그치지 않고 직원, 투자자와 채권자, 그리고
수많은 이해관계자에게 불행을 줄 수 있기 때문이다. '타다'의 운전
노동자들이 해고된 것처럼 말이다.

사회적 역기능에 기반한 비즈니스, 성형 애플리케이션의 사례를
보자.

내가 아는 일본인 친구는 한국에 올 때마다 주로 지하철을 이용하
며 사람들의 외모를 관찰할 기회가 있었는데, 아시아권 사람들과는
무척 다르다고 한다. 그가 보는 한국 사람은 일본 사람과 다르게 다
들 자신감 있고, 키가 크고, 얼굴이 희며, 예쁘고 잘생겼다고 한다. 그
러면서 "근데 잘 알려진 대로 한국 사람들은 성형을 많이 하는 것 같
아."라며 조심스럽게 덧붙였다 .

국제미용성형외과학회ISAPS에 따르면 국내 미용성형 시장 규모는
약 5조 원으로 전 세계 시장의 25%를 차지한다. 인구 1천만 명당 평
균 성형 건수는 13.5건으로 전 세계 1위다(하나금융투자, 2020년 7월).
성형외과 광고는 상당한 규제를 받는다. 이미 오래전부터 방송에서
는 성형 광고를 보기 힘들어졌고, 올해부터는 지하철역에서도 성형
광고가 금지된다고 한다. 이러한 광고 보이콧은 이미 해외에서 먼
저 진행됐다. 2005년 프랑스는 성형 광고를 전면 규제했다. 그리고
2012년 영국 미용성형외과의사협회는 정부에 성형 광고를 전면 규

제해 달라고 요구했다. SBS의 인터뷰에 응한 동 협회 전 회장인 나이젤 머서는 이렇게 말했다.

"환자를 보호하고 싶기 때문입니다. 성형 광고 모델처럼 된다면 인생이 행복해질 것 같지만 실제로 모두 다 그런 것은 아니기 때문입니다. 사람들에게 거짓 희망을 주면 안 됩니다."

성형수술은 본래의 기능과는 달리 미용 목적의 성형이 소비자의 대부분을 차지한다. 결국 각국의 조치는 외모에만 집착하는 일부 소비자들의 성형중독이나 성형 남용 등을 일으켰고, 이러한 사회적 해악을 방지하려는 목적이다.

국내 한 스타트업 플랫폼(강남언니)은 성형외과와 성형을 희망하는 예비 '환자'를 연결해 준다. 이 스타트업의 창업자 2인은 모두 의사다. 의료전문가들이 자신들이 잘 아는 영역에서 틈새시장을 공략한 것이다. 이 플랫폼은 성형외과 광고료를 주된 수익으로 한다. 대형 성형외과에 비해 지명도가 낮고 충분한 레퍼런스와 고객을 확보하지 못한 성형외과들은 이 플랫폼에서 더 많은 고객을 확보할 수 있다. 마찬가지로 소비자는 일일이 대면하여 상담할 필요 없이 플랫폼을 통해 다양한 성형 정보를 얻을 수 있다. 그러나 대형 병원을 중심으로 한 대한의사협회는 이 비즈니스가 의료법 위반이라고 주장한다. 사회적으로도 성형을 조장하는 플랫폼이라고 비난을 받고 있다.

이 플랫폼의 실정법 위반 여부는 여전히 검토 중이지만, 이들은 히

포크라테스 선서의 본질인 '헬스케어'가 아닌 단지 성형 광고수익을 목적으로 하는 디지털 '성형 중개'를 하고 있기 때문이다. 이 창업가들이 스스로 의사가 아닌 '사업가'라고 강조(《이코노미조선》, 2020년 8월 24일)하는 이유다. 물론 그런 의사들은 많다. 무엇보다 자본주의 사회에서 돈을 추구하는 개인의 행위를 비난할 수 없다. 그러나 '직업적 소명의식'이라는 부분을 차치하더라도, 즉 그들이 '사업가'이더라도, 그들은 부정적인 사회 인식과 맞서야 한다. 이미 사회적으로 해악 요소가 많은 성형수술을 조장하는 플랫폼임은 부인할 수 없기 때문이다.

이 플랫폼은 직접 알선이나 중개행위를 하지는 않는다. 의료법을 준수하는 법의 테두리 안에서 광고 수수료를 취하고 있다. 더 나아가 플랫폼의 용역 공급자인 성형외과에 법에 명시된 광고 가이드라인을 준수하라고 제시한다. 정공법을 택한 것이다.

과거 성형 중개는 이른바 암시장 형태로 암암리에 브로커를 통해 음성적으로 이뤄진 반면 이 플랫폼은 양지에서 법을 지키며 대놓고 '강남언니'라는 조롱의 아이콘을 내세워 영업하고 있다. 이 스타트업은 얼마 전 유수의 벤처캐피털들로부터 수백 억 원의 투자를 받았고 매출액은 100억 원을 돌파했다. 지난 5년간 해당 플랫폼에 등록된 의사들은 직접 170만여 건의 성형 견적을 제공했고, 60만 건 이상의 병원과 사용자 간 모바일 상담을 연결했다. 그리고 이 스타트업은 얼마 전 일본 내 이러한 성형 플랫폼 중 2위에 해당하는 스타트업을 인수했다. 해외 고객군을 확보하여 의료 수출의 교두보를 삼는 차원인데, 이러한 정공법은 회사의 성장과 함께 사회적 비난을 희석할 수 있다.

수치심이나 열등감, 외부의 부정적 시선이나 편견 같은 것들은 피하지 않고 직접 마주 보고 싸웠을 때 비로소 극복할 수 있다. 오히려 정면 승부했을 때 그런 감정이나 시선은 기업가의 잠재적 에너지로 작용한다.

현대 사회에서 기득권을 포기하기 싫은 '가진 자의 저항'은 '못 가진 자의 투쟁'보다 약하다. 현재 이 성형 중개 플랫폼을 두고 대형 성형외과들은 대한의사협회를 내세워 '가진 자의 저항'을 하는 형국이다. 가진 자의 저항은 대체적으로 '생존'이나 대의명분과 같은 사회적 정의에 역행하기 때문에 여론 수렴이 어렵다. 그래서 그것은 단지 집단 이기주의로 인식된다.

이 성형 플랫폼은 사회적 역기능과 도덕적 비난 가능성을 반드시 뛰어넘어야 한다. 한국거래소는 이러한 업종의 기업공개를 엄격하게 심사한다. 과거 수년째 기업공개의 문을 두드렸던 결혼정보업체와 대부업체는 우수한 실적에도 불구하고 결국 기업공개를 포기했다. 이런 문제 앞에서 '해외에서는 가능한데 왜 국내에서는 안 되나요?'와 같이 우회적으로 불공정에 호소하는 것은 매우 어리석은 짓이다. 아무도 그 외침에 공감하지 않는다. 정정당당하게 의료 수출과 같은 사회적 순기능을 최대한 부각해야 한다. 마치 담배 케이스의 경고문구처럼 해당 비즈니스와의 이해 상충 없이, 성형의 오남용에 대한 폐해를 효과적으로 이용자들에게 경고하며 사회적 역기능과 정면으로 부딪쳐야 한다.

스타트업 창업가에게 수치심이란 없다

나는 과거에 정면 승부하지 못하고 주저하며 수치심에 굴복한 적이 있었다. 2015년 여름이었다. 당시 난 M&A 자문사를 창업한 지 채 1년이 안 된 시점이었다. M&A 업계에서 가장 주목을 받았던 것은 다름 아닌 '중국인들에게 관심을 많이 받는 산업'이었다. K뷰티와 K콘텐츠가 유행을 시작하던 초기라고 보면 된다.

산업분석을 하던 중 눈에 들어온 기업이 있었다. 중국 관광객들이 한국에서 사용하는 은련카드UnionPay 기준 매년 1위에서 2위를 다투는 브랜드가 '스타일난다'였다. 당시 나에게는 다소 생소했는데, 회사의 정식 이름은 ㈜난다이다. 이 회사의 감사보고서를 보는 내내 가슴이 터질 것 같았다. 내가 지금까지 봐 왔던 수많은 기업 중 이런 기업은 드물었다. 1인 100% 소유, 무차입에 가까운 경영, 놀라운 현금흐름, 매출액 성장성과 수익성······. 이 회사의 CEO를 만나야 했다. 이 회사의 CEO를 잘 설득해서 매각 주관을 한다면 최소 수십억 원의 수수료를 취할 수 있었다. 탐욕에 눈이 멀어 눈물이 날 지경이었다.

보통 나와 같은 IB 인력은 네트워크를 통해 해당 기업의 CEO를 소개받는다. 학연, 지연, 혈연 등의 네트워크를 총동원한다. 그러나 이 회사는 도대체 방법이 없었다. CEO에 대해 알려진 정보가 거의 없었다. 인천 출신이고, 출신대학은 불분명하며, 30대 초반의, 그것도 여자. 여러 경로를 통해 알아보다가 포기하고 무작정 회사의 대표번호로 전화했더니 콜센터로 연결됐다. "제품 문의는 1번……". 어딘가에 대표의 단서가 있으리라 생각했다. 대표가 발간했던 책도 구매했다. 결국 아주 오래전 그녀가 블로깅한 흔적을 찾아 읽어 내려가던 중, 드디어 대표의 이메일 주소를 발견할 수 있었다. 그녀에게 첫 번째 구애의 이메일을 보냈다. 당연히 답장은 오지 않았다. 별의별 궁리를 다 해 봤다. 이 회사의 구인공고에 지원하여 접촉할 기회를 찾아보려고도 했다.

당시 이 회사는 서교동에 있었다. 6월이지만 매우 더웠다. 난 이 회사 건물 맞은편에 차를 대고 무작정 그녀를 기다렸다. 이러한 초보적 방법 외에 할 수 있는 게 없었다. 물론 그녀는 보이지 않았다. 대표를 기다리며 내 차에서 두 번째 장문의 이메일을 보냈다. 한 번도 본 적 없었던 모르는 사람에게 작별을 고하는 메시지를 끝에 덧붙였다. "항상 건강하시고 스타일난다의 팬으로서 대표님을 응원합니다……." 그때가 6월 4일이었다. 정확히 10일 후 그 회사의 상무로부터 전화를 받았다. "늦게 연락 드려 죄송합니다. 저희 대표님께서 많이 바쁘셨어요. 괜찮으시면 6월 14일에 회사로 방문해 주실 수 있을까요?" 정신이 멍해졌다. "네, 알겠습니다! 감사합니다!"

상무를 만났는데 알고 보니 대표의 막내 이모였다. 기뻤다. 막내 이모라면 직원이나 사업 파트너가 아니다. 때로 직원은 M&A를 방해하지만, 이 상무는 흉금을 터놓고 '가족'의 이익을 위해 대표와 모든 걸 공유할 수 있는 관계다! 상무에게 나의 M&A 철학과, 화려한 잠재 매수자(당시 난 골드만삭스를 잠재매수자로 점찍어 두고 있었다.) 따위의 온갖 미사여구를 섞어서 제안했다.

상무는 의외로 옷과 화장품만 아는 순수한 면이 있었고 그래서 조심스러워했다. 몇 번 투자자들의 전화를 받은 적은 있었으나 금융권, 특히나 M&A 전문가를 대면하는 일과 이런 제안을 받는 것은 처음이라고 말했다. 그러나 상무는 분명히 여지를 뒀다. "만약 복잡한 과정이나 번거로운 실사 없이 바로 진행할 수 있다면……."

㈜난다에 제공한 보고서 중 밸류에이션 결론 부분

[Valuation] 비교기업들의 P/E Multiple은 약 30배 내외로 추산

상장 비교기업들 P/E Multiple 현황
(화장품과 의류 기업들의 2015년말 실적과 2016년 1월 8일 현재 시가총액 비교)

(단위 : 억원/배)

구분	시장	기업명	사업내역	종목코드	자산총계	부채총계	자본총계	매출액	영업이익	당기순이익	시가총액	P/E Multiple	Multiple 평균
화장품	코스피	아모레퍼시픽	화장품	090430	44,002	10,247	33,866	47,210	7,914	6,130	241,343	39.4	38.5
	코스피	LG생활건강	화장품	051900	42,234	20,904	21,324	53,216	6,841	4,835	156,963	32.5	
	코스피	한국콜마	화장품(ODM)	161890	3,869	1,628	2,241	5,393	636	479	20,889	43.6	
	코스닥	코스맥스	화장품(ODM)	192820	4,137	3,108	1,029	5,434	414	262	17,279	66.0	
	코스피	잇츠스킨	화장품	226320	1,548	745	802	2,912	1,045	806	15,812	19.6	
	코스닥	산성앨엔에스	마스크팩(59%)	016100	1,841	739	1,102	1,713	400	163	5,794	35.5	
	코스닥	연우	화장품	115960	1,887	713	1,174	1,952	184	141	4,773	33.9	
	코스닥	코라아나	화장품	027050	1,221	426	795	1,377	97	90	4,460	49.6	
	코스닥	바이오랜드	화장품원료	052260	1,513	283	1,230	832	156	120	4,238	35.3	
	코스닥	토니모리	화장품	214420	1,590	430	1,160	2,380	190	150	4,087	27.2	
	코스닥	코스온	화장품(ODM)	069110	658	332	326	655	70	55	3,973	72.2	
	코스닥	아이뷰티엔피	화장품	078520	2,363	532	1,831	4,108	149	130	3,368	25.9	
	코스닥	제닉	마스크팩	123330	819	217	602	757	53	45	1,887	41.9	
	코스닥	대봉엘에스	화장품원료	087140	658	119	539	579	79	68	1,095	16.1	
의류	코스닥	한세실업	의류 OEM/ODM	105630	9,454	5,289	4,165	15,836	1,350	930	23,200	24.9	23.8
	코스피	영원무역	의류브랜드	111770	17,540	5,377	12,163	15,984	2,037	1,527	19,453	12.7	
	코스피	한섬	의류브랜드	020000	10,864	2,195	8,669	6,076	643	698	9,840	14.1	
	코스피	LF	의류브랜드	093050	14,656	4,331	10,325	15,884	877	690	7,515	10.9	
	코스피	신세계인터내셔날	의류브랜드	031430	9,382	4,779	4,603	10,008	233	197	6,783	34.4	
	코스피	F&F	의류브랜드	007700	3,471	1,438	2,033	3,782	228	207	2,402	11.6	
	코스피	엠케이트렌드	의류브랜드	069640	4,980	451	4,529	2,934	69	50	1,581	31.6	
	코스닥	로만손	주얼리,핸드백브랜드	026040	1,360	490	870	1,570	50	40	1,546	38.7	
	코스피	신원	의류브랜드	009270	4,281	2,506	1,775	6,075	154	34	1,184	34.8	
											화장품과 의류의 P/E 평균 :		31.1

Source: Fn Guide, 미래에셋증권, YGP Analysis
Note1: 실적에 대한 consensus가 있는 기업들로 그대로 적용. 즉, 기업들의 공시된 3분기 실적 연환산 후 추가 성장 및 실적 변동성에 따라 P/E Multiple을 달리함 수 적용
Note2: 자본시장법상의 비상장(즉 시가총액 1,000억원 미만 기업 제외)(5G, 에스디코, 엔지켐, 지앤코, 원피엔디 시와간제외)한 후 결과 화장품군과 기업 제외
Note3: 2015년 실적 적자기업 제외(토필코큰자, 네이처리퍼블릭, 신봉화공, 코오롱패션, 코룸웰스, SG세계물산, LS네트웍스, 대현, 대코앤아이, 영홈칼드, 이디베르, 캐주얼피나)

158

[Valuation 결과]

2016년 예상 당기순이익	P/E Multiple	기업가치(시가총액)
200억원 X	**30배** =	약 **6천억원**

- 2015년 실적은 MERS 등의 여파로 2014년 대비 하락 예상
- 단 2015년 4분기, 2016년 1분기는 2014년 수준으로 회복될 것으로 예상
- 채널 확장에 따라 2016년 매출액은 크게 증가할 것으로 예상되나, 국내외 매장 확대에 따른 초기 고정비 영향으로 순이익에 다소 부담이 있을 것으로 예상

- 화장품 업종(약 38배), 의류업종(약 23배)의 평균치
- P/E Multiple로 판단컨대 현재 시장에서의 평가는 의류 보다 화장품 업종에 약 2배의 가치를 더 매기고 있음
- 따라서 3CE의 매출 확대가 기업가치에 크게 영향을 미칠 것으로 예상

- IPO 또는 투자 시 적용될 것으로 예상
- **M&A(경영권 매각)**의 기업가치 산정방법에는 이른바 "경영권프리미엄"이 포함되기 때문에 이보다 더 큰(통상 1.5배 내외) 기업가치가 예상되며 이를 감안한다면 약 9천억원~1조원 내외로 추정해 볼 수 있음
- 신세계인터내셔널 정도의 기업가치로 추정

당시 나는 다른 회사와 좋은 M&A 계약 하나를 체결하는 바람에 연말이 다 되어서야 비로소 스타일난다에 대한 분석보고서 작성을 시작할 수 있었다. 보고서에는 회사의 현재와 미래, 기회를 담았고, 이 회사의 2016년 실적을 자체적으로 추정하여 밸류에이션했다. 내

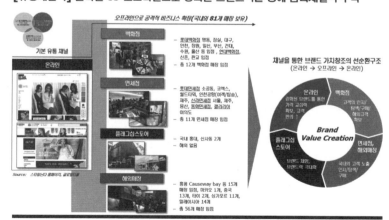

[유통채널력] 온라인 to 오프라인으로 강화된 브랜드력을 통해 옴니채널력 구축

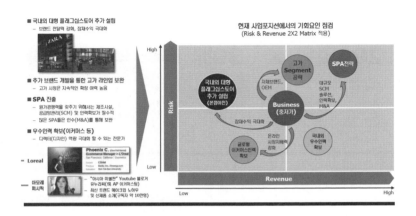

[기회요인] 강력한 브랜드로 실현 가능한 글로벌 성장동력들

가 매긴 스타일난다의 기업가치는 6천억 원이었다. 예상실적에 비해 다소 고평가이지만 현실적인 수준에서 매각 희망 가격을 찾고 싶었다.

2016년 1월, 보고서를 본 상무는 매우 놀랐다. 지금까지 이런 보고서를 본 적도 없었고, 이 보고서를 통해 회사가 앞으로 가야 할 방향도 더욱 명확해졌다고도 했다. 보고서에는 밸류에이션 외에도 산업분석과 함께 이 회사에 대한 기회 요인을 제시했던 것이 주효했다.

그러나 보고서를 설명하는 내내 뭔가 느낌이 이상했다. 첫 미팅 후 반년이 지나는 사이 상무는 밸류에이션이나 M&A에 대한 개념을 이해하고 있었다. 옷과 화장품밖에 몰랐던 그녀였다. 급기야 상무의 입에서 UBS^{Union Bank of Switzerland}라는 단어가 나왔다. 믿을 수 없었다.

USB가 아닐까 내 귀를 의심했다. 그러나 분명 UBS였다. "아는 친한 동생이 사실 UBS에서 M&A를 하는데……." 심장이 덜컥 내려앉았다. 손에서 식은땀이 났다.

이유는 이렇다. 숙련된 IB에게는 방대한 네트워크가 있고, 구성원들은 이러한 네트워크를 보유한 협상의 대가들로 구성된다. 전 세계의 M&A를 휘어잡는 IB들이 있다. 업계는 그들을 경외하며 '벌지 브래킷bulge bracket'이라고 부르는데 이들은 골드만삭스, JP모건, 메릴린치와 같은 초대형 IB들이다. 그중 UBS가 있다. 내가 전 직장에서 아무리 뛰어난 퍼포먼스를 보였고, 그곳이 대한민국 최고의 IB일지라도, 벌지 브래킷의 무는 힘이 하마라면 내가 무는 힘은 다람쥐 정도에 불과했다.

그날 이후 난 나도 모르게 위축됐다. 연락도 자신 없었다. 단지 할 수 있는 것은 그저 정서적인 호소일 뿐이었다. 그러나 그마저도 난 상무와 친하지 않았기 때문에 "만약 M&A를 실행하신다면 꼭 저를 불러주세요."라고 말하는 것 외에는 별 다른 방법이 없었다. 상무는 단지 "네."라고 간단히 대답할 뿐이었다. 이솝우화 「여우와 신 포도」의 여우처럼 '어차피 스타일난다는 M&A 안 할 거야. 괜히 시간 낭비하지 말자.'라고 생각했다.

2년 후 언론 기사를 통해 스타일난다의 매각 사실을 접했다. 매수자는 로레알이었다. 과연 UBS다웠다. 그리고 M&A 가격은 내가 2년 전에 제시했던 그 가격, 6천억 원이었다.

열등감에 좌절한 나의 사례다. 분명 난 정면 승부했다. 정공법으로 돌파를 시도했다. 그러나 UBS라는 거대한 심리적 장벽을 두고 굴복했다. 그 장벽을 본 적도 없고, 그들과 일해 본 적도 없지만, 스스로 '나의 이 초라한 M&A 자문사'라는 수치심은 끝내 내 행동을 제약했다. 지금 생각해 보면 나의 굴복은 바보 같은 짓이었다. 끝까지 대면하고 아무리 적은 기회일지언정 그것을 쟁취했어야 했다. 우물쭈물 우회하다가 '저 포도는 맛이 없을 거야.'라고 비겁하게 체념한 결과는 결국 가슴 아픈 상처로 남았다.

성공 방정식 11

고정비를 줄이고
또 줄여라

아는 사람 중에 집안과 출신 배경이 좋은 A씨가 있었다. 그는 2년 전 스타트업을 창업했다. 단독 창업이었지만 그에게는 충분한 현금이 있었다. 무려 약 50억 원의 자금을 확보했고, 그 자금을 바탕으로 향후 3년간의 자금수지계획도 세웠다. 이 기간 동안 현금흐름은 없을지라도 2년 안에 충분히 개발을 완료할 수 있다는 자신이 있었다. 개발이 끝나면 인맥을 활용해 좋은 사업 파트너를 만날 수 있으리라는 확신까지도 있었다.

그는 강남 한복판에 큰 사무실을 얻어 화려하게 꾸몄다. 임차료와 관리비만 월 1,000만 원에 달했지만 그는 직감적으로 '보여 주는 것'도 중요하다고 믿었다. 그래야 더 원활하게 투자를 유치할 수 있고 더 우수한 직원을 채용할 수 있을 거라고 생각했다. 그리고 직원들을 모집하기 시작했다. 창업 1년 정도가 됐을 무렵 직원이 약 30명에 달했다. 몸값이 높은 인력도 적지 않았다.

그러나 개발이 문제였다. 애초에 시작했던 개발은 잠재 클라이언트의 요구에 부응하지 못했다. 무엇보다 당초 계획과는 다르게 개발이 더디게 진행됐다. 모든 것을 뒤엎고 다시 처음으로 돌아가 다시 개발하고 수정하는 시행착오를 반복했다. 창업 후 약 2년 정도가 됐을 때도 여전히 프로토타입 정도만 완료한 상태였고, 개발 역시 미진했다.

그 시점 그에게 남은 현금은 1억 5천만 원 정도와 임차보증금이 전부였다. 2년 만에 그 50억 원이 대체 어디로 증발했는지 귀신이 곡할 노릇이었으나 은행 계좌 거래 내역을 봐도 횡령은 없었다. 그는 부랴부랴 투자 유치를 시작했다. 그러나 어떤 투자자도 선뜻 나서지 않았다. 점차 월급이 체납되고 임차료는 보증금에서 차감되기 시작했다. 결국 직원들을 하나하나 내보내야 했다. 창업 후 2년 반 정도가 지났을 때 회사는 청산 절차를 밟았다. 재력가인 창업가의 부모는 그를 외면했고 결국 창업가는 개인파산을 신청했다.

돈은 생각보다 무섭게 빠져나간다

스타트업의 고정비는 임차료와 인건비가 대부분이다. 별다른 현금흐름 없이 제한된 자본금으로 시작하는 스타트업의 CEO들은 하나같이 무섭게 돈이 빠져나간다고 고백한다. 다시 말하지만 애초에 세웠던 계획과 실제 벌이는 사업과의 간극은 크게 벌어질 수 있고 대부분의 스타트업은 시행착오를 경험한다. 따라서 스타트업 시작과 함께 세워 둔 자금수지계획은 큰 의미가 없을 수 있다. 위 사례에서도 마찬가지다. 일반 스타트업과는 비교되지 않을 만큼 큰 자본금으로 창업했지만 고정비를 감당하지 못해 결국 CEO의 꿈을 접었다.

나 또한 월급쟁이 시절, 당시 대한민국 최고의 오피스 빌딩이었던

을지로의 한 건물에서 근무했다. 그래서 사업 시작 후, 사무실 없이 여러 커피숍을 떠돌며 일하는 내 모습을 볼 때마다 자괴감이 든 적이 한두 번이 아니다. 누구나 좋은 사무실에서 일하고 싶다. 분명 좋은 환경은 직원을 채용할 때도 투자를 유치할 때도 유리한 게 사실이다. 보여 주는 것도 중요하다. 그래서 많은 스타트업이 투자 유치에 성공한 후 강남의 좋은 사무실로 화려하게 이전한다. 그 이유를 충분히 이해하지만, 권하고 싶지는 않다. 1999년 아마존은 이미 상장을 완료했고 제프 베조스는 거부巨富를 손에 거머쥐었지만 그의 사무실을 보라. 남루하기 이를 데 없다. 그는 당시 이렇게 말했다.

> "이것은 돈을 고객에게 쓰겠다는 것이고 그렇지 않은 것들
> 에는 돈을 쓰지 않겠다는 하나의 상징입니다(It's a symbol of
> spending money on things that matter to customers and not
> spending money on things that don't)."

난 자본금의 규모를 떠나 스타트업 창업가는 '가장 비천한 곳'에서 시작해야 한다고 믿는다. 비즈니스 구축이 안 된 상태에서 임차료라는 매몰비용으로 회사가 할 수 있는 것은 아무것도 없기 때문이다. 그리고 돈은 생각보다 무섭게 빠져나간다. 스타트업 창업가를 가장 괴롭히는 것은 돈이다. 임차료와 함께 고정비 대부분을 차지하는 인건비에 대해서는 다음 챕터에서 자세히 생각해 보자.

성공 방정식 12

스톡옵션으로
인재를 확보하라

기업의 규모나 가치를 판단할 때 일반적으로 가장 흔하게 범하는 오류가 '매출액' 중심 사고다. 기업의 매출액과 기업 가치는 거의 상관이 없다고 봐도 무방하다. 500억 원의 매출액에 20억 원의 당기순이익을 남기는 의약품 유통 기업보다 200억 원의 매출에 50억 원의 당기순이익을 남기는 화장품 원료 제조 기업이 훨씬 더 높게 기업 가치를 인정받는다. 가장 널리 쓰이는 밸류에이션 상대가치평가 모형, PER Price Earnings Ratio 의 P는 기업 가치이고, E는 revenue(매출액)가 아닌 earning, 즉 당기순이익이다. 그러니 기업 가치는 매출액이 아닌 발생(또는 발생 가능한) 당기순이익을 중심으로 형성된다는 사실을 기억해야 한다.

　스타트업의 인력 구성도 마찬가지다. 결코 직원의 절대적 수數를 스타트업의 성장 지표로 삼을 수 없고, 단순히 그 수의 많고 적음으로 해당 기업의 성장을 예측할 수도 없다. 직원이 직접 물리적인 돈벌이로 수입을 발생시키는 보험업이나 화장품 방문판매업과 같은 일부 산업에서는 영업직원의 수를 중요하게 보지만 대부분 스타트업은 이런 업종과는 거리가 멀다.

　2012년 페이스북이 인스타그램을 약 1.2조 원(11억 달러)에 인수했을 때, 인스타그램의 직원 수는 고작 13명이었다. 추정컨대 공동창업자 2인을 제외하면 아마도 6명 내외의 프로그래머와 3명 내외의 마케터와 디자이너 그리고 2명 내외의 운영 담당 직원으로 구성됐을 것이다. 적정한 역량을 발휘할 수 있는 인력으로만 구성된다면 사실 이 정도 인력만으로도 스타트업 운영은 충분하다.

국내 벤처기업 경영 애로 사항 총 15항목 중 상위 5가지

자금조달 및 관리	국내 판로 개척	필요 인력 확보 및 유지	해외 시장 개척	기술의 사업화
56.2%	54.7%	54.0%	53.3%	51.1%

출처: 중소벤처기업부(2020년 7월)

채용은 어렵고, 채용하면 이탈한다

구인과 관련한 문제는 많은 스타트업의 골치 아픈 숙제다. 스타트업은 당장 사업을 개발하고 구축해야 하므로 막 고등학교나 대학교를 졸업한 구직자를 채용할 수 없다. 신입이 아닌 경력직이 필요하지만 우수한 경력직을 채용하는 것은 애초에 불가능에 가깝다.

어느 기업이 적재적소에 필요한 연구개발 인력을 확보했다면 기술의 사업화는 원활하게 달성할 수 있다. 유능한 마케터를 채용했다면 그 마케터는 시장을 개척하며 매출액을 끌어올릴 것이다. 이 경우 해당 스타트업은 기술의 사업화와 더불어 증가한 매출액, 즉 성장 지표들을 동원해 자금조달을 큰 무리 없이 도모할 수 있다.

그러나 이 전개의 역®의 흐름은 어렵다. 어떤 스타트업이 투자 유치에 성공했다 하더라도 채용은 쉽지 않다는 것이다. 수요와 공급의 원칙이 스타트업 인력 채용 시장에는 적용되지 않는다. 아무리 고용 시장에서 구직난이 심각한 상황이더라도, 그리고 실업률이 가파르게 치솟아도, 대부분 구직자는 스타트업을 기피한다. 구직자는 모험보다 수입의 안정을 추구하려는 경향이 큰데, 스타트업은 안정성과는 거리가 있기 때문이다. 생각해 보면 당연하다. 그가 애초에 모험과 도전을 즐기는 사람이라면 창업을 하지 왜 스타트업 월급쟁이를 지원하겠는가?

스타트업은 좀 더 원활히 우수인력을 채용하기 위해 온갖 수단을 동원한다. 구직자들에게 가장 많이 호소하는 방법은 스타트업 특유의 '자율성'이다. 대기업 수준의 복지나 급여를 보장할 수는 없지만 위계와 직제 없애기, 영어 이름으로 호칭하기, 자유로운 휴가 사용과 출퇴근 시간, 스낵 바, 자유로운 사무실 분위기, 정장이 아닌 사복 차림, 수평적 의사결정 구조 등으로 구직자들을 유인한다. 그러나 어떤 수단을 동원해도 우수한 인력을 구하기가 쉽지 않다. 공고를 내면 대부분 경험이 없거나, 졸업예정자이거나, 이전 직장에서 실직하고 생계형 구직을 하는 고연령대의 지원자일 확률이 높다.

몇 년 전 나를 찾아와 채용 문제로 장시간 넋두리를 늘어놓은 후배가 있었다. 국내 명문 대학교 출신의 선후배 세 명이 공동창업으로 자산운용사를 설립했다. 이들은 모두 애널리스트와 주식 트레이더 출신이었다. 창업자 중 1인이 큰 금액을 출자한 덕에 이 회사는 수십 억 원대 자본금으로 회사를 시작할 수 있었다.

　본격적인 회사 설립 후 업무가 과다해지자 이들은 주니어 수준의 인력을 더 채용하기로 했다. 경제와 시장 그리고 주식에 대한 기본 분석을 할 수 있는 3년 차 정도면 충분했다. 그리고 고용시장에 이 정도 요건을 갖춘 인력은 많았다. 잡포털에 구인공고를 냈다. 그 후 이틀이 지났는데 단 한 명의 지원자도 없었다. 1주일이 지났을 무렵 세 명이 지원했고, 이들을 대상으로 면접을 했다. 면접 결과, 세 명 모 두 곧바로 업무에 투입할 실력은 아니었다. 그나마 면접 태도와 열정 이 돋보였던 지원자 한 명이 눈에 들어왔다. 그러나 문제는 이 지원 자의 3년 경력이 주식이나 시장 분석이 아닌 증권회사에서의 관리 업무였다는 점이었다. 지원자는 CFA^{Chartered Financial Analyst} 자격 시험 2차까지 합격했을 정도로 열의가 높았다. 그러나 이론을 실무에 적 용하려면 일정 기간 필드 경험이 필요하다. 고심 끝에 창업가들은 이 지원자를 정식 채용했다.

　약 반년간 트레이닝 기간을 마치자 비로소 조금씩 그는 업무에 역 량을 발휘하기 시작했다. 그런데 얼마 안 되어 그가 어느 증권회사의 자산운용 인력으로 이직하기로 했다며 통보했다. 원래 이 직원은 증 권회사의 관리 업무보다 좀 더 전문 영역인 자산운용을 하고 싶어 했 다. 그래서 CFA를 공부했고, 펀드매니저의 경력을 쌓기 위해 이 스타트업 자산운용사에 입사한 것이다. 즉 이 스타트업은 일종의 디딤돌이 된 셈이다. 이 스타트업의 CEO들은 분노했으나 인간이 직업을 선택할 권리와 자유의사를 막을 수 있는 것은 세상 어디에도 없다. 적정한 인력을 채용하고 싶었지만 결국 찾지 못했고, 그나마 태도가 좋았던 인력을 채용하여 비용을 치르며 훈련했지만 결국 이탈해 버린 사례다.

스타트업에서 이런 일은 너무나도 흔하다. 2019년 8월 통계청 경제활동인구조사에 따르면 국내 정규직 임금노동자의 평균 근속기간은 7, 8년이다. 대기업의 경우 13년 내외, 중소기업은 4년 내외다. 그러나 스타트업의 경우 2년 미만이다(《이코노미조선》, 325호). 다시 말해, 간신히 채용했지만 얼마 안 가 이탈한다는 의미다.

대기업에서 일하는 사람들은 이러한 스타트업의 현실을 이해하지 못한다. 심지어 그들은 '왜 우리 회사에는 이렇게 인재가 하나도 없을까?' 또는 '우리 회사에는 잉여인력이 많아.'와 같은 표현을 써가며 몸담은 조직의 인적자원에 대해 경멸조로 말한다. 과거에 나도 가끔 그렇게 생각했다. 그러나 회사를 나와 스타트업에서 채용 과정을 진행해 보면 알게 된다. 그때 내 동료들이 얼마나 훌륭한 자원들이었는지, 그런 인력들의 이탈을 막는 것이 또 얼마나 어려운 일인지.

그런데 스타트업에서 직원을 구할 때 어떤 부분을 중점적으로 봐야 할까? 실력, 경력, 태도보다 상위에 놓아야 할 기준은 '능동성'이다. 일반 노동자가 생각하는 노동은 상사가 시키는 일을 빠짐없이 성실히 수행하여 급여와 복지를 반대급부로 취하는 것이겠지만, 스타트업은 이러한 노동자들로만 구성되어서는 안 된다. 초기 스타트업의 노동자는 세 가지의 중요한 덕목을 갖춰야 한다. ① 어려움을 함께 이겨낼 수 있는 강한 신념, ② 회사와 CEO의 비전에 전적으로 동의하여 마치 공동창업자처럼 열정적으로 일할 수 있는 의지, ③ 업무 역량과 경험이다. 누군가는 코웃음을 쳤을지 모른다. 이런 인재를 어디서 구하느냐고.

스톡옵션 부여로 직원과 함께 성장한다

부득이하게 1인 창업 또는 1~2인 창업을 선택해 인력을 채용해야 한다면 어떻게 좋은 인재를 뽑고 붙잡아 둘 수 있을까? 높은 연봉이나 복지를 제공하기 어려운 초기 스타트업의 경우 최대한 많은 주식매수선택권(스톡옵션)을 부여해 피고용인의 오너십을 강화하는 것이 방법이다. 스타트업 CEO의 비전에 공감하고 함께 비전을 실현해 나가기 위해 열심히 일하는 피고용인을 찾는 것은 쉬운 일이 아니다. 인간은 누구에게나 탐욕이 있다. 사업가가 그렇듯 피고용인들이 사업가의 그 탐욕에 동참하게 하는 것은 월급이나 복지보다 스톡옵션이 효과적이다.

실제로 나는 여러 기업공개를 주관하며 스톡옵션으로 수십억 원대

부자가 된 직원들을 여럿 봤다. 2020년 9월 4일 동아일보는 왜 IT 벤처 기업들이 스톡옵션을 적극 활용하는지를 설명하는 사례를 소개했다.

> "투자를 계속해야 했기에 임직원들에게 현금 보상을 하는 것
> 은 어려웠다. 대신 미래의 현금인 주식매수청구권(스톡옵션)을
> 지급해 인재들을 붙잡아 둬야 했다."
> -카카오 관계자

> "평직원들에게 스톡옵션이 부여될 때 일선에서 혁신이 더 활
> 발하게 일어나고 팀워크가 증진되는 긍정적인 사례들이 많이
> 나오면서, 그 대상과 범위가 확대되고 있다."
> -서울대학교 김우진 경영대학 교수

스톡옵션의 효과에도 불과하고 나는 여러 스타트업 관계자들과 대화하며 의외로 CEO들이 직원에게 스톡옵션을 제공하는 데 소극적인 것을 발견했다. 그들이 주저하는 이유는 대부분 본인의 지분율이 낮아지는 것을 우려해서였고, 일부 직원들이 회사 이익에 대해 '무임승차'할 가능성도 있어서였다. 그러나 당신이 만약 스타트업 창업가라면 이 모든 '미래의 우려'를 벗어던지고 과감하게 스톡옵션을 부여하도록 하자. 그렇게 해야 하는 데에는 세 가지 이유가 있다.

1) 상법 340조 4에 의거하여, 스톡옵션은 스톡옵션을 부여하는 주

주총회결의일로부터 최소 2년간 재직해야만 행사할 수 있다. 또한 스톡옵션은 상속할 수 있지만 양도는 불가능하다.

2) 스톡옵션을 부여받으면 '행사'를 해야 실제 효력이 있다. 임직원의 스톡옵션 행사는 창업 이후 회사가 이미 발전하여 CEO에게 큰 자본적 이득이 기대되는 시점에 그 이득의 일부를 임직원들과 함께 나누는 개념이다. 부여한 스톡옵션은 취소할 수 있다. 상법 시행령 제30조에 그 상세한 사유가 명시되어 있다.

3) 벤처캐피털 등의 투자자들은 스타트업 업계의 극심한 인력 이탈에 대해 우려한다. 핵심 인력이 이탈한다면 회사의 근본 자체가 흔들릴 수 있다고 보기 때문이다. 따라서 스타트업 CEO가 투자자들을 대상으로 투자 유치를 할 때 빼놓지 않고 듣는 질문이 스톡옵션 부여 현황이다.

스톡옵션 부여 계약서 샘플과 제 5조에 대한 논의

스톡옵션은 상법 제340조의 4와 제542조의 3(상장회사에 대한 특례)에 명시되어 있다. 회사와 개인이 사적 계약을 맺어 스톡옵션을 부여하는데, 해당 계약서는 상법의 규정을 바탕으로 하여 작성된다.

다음은 스톡옵션 계약에 대한 간단한 샘플 계약서다. 근거 법률인 상법과 본 계약의 내용을 비교하며 꼼꼼하게 이해하고 실무에 적용하길 바란다. 먼저 회사의 정관에 이와 관련한 규정이 명시되어 있어야

주식매수선택권 부여 계약서(샘플)

주식회사 OOOO(이하 "갑")과 OOO(이하 "을")은 20XX년 XX월 XX일자 이사회 결의에 의하여 "갑"이 "을"에게 주식매수선택권(이하 "선택권")을 부여함에 있어 필요한 사항을 다음과 같이 약정한다.

제1조 (교부할 주식의 종류와 수)
"을"의 선택권 행사에 대해 "갑"이 교부할 주식은 "갑"의 기명식 보통주식 OOOO주(1주당 액면가 OOO원)로 한다.

제2조 (선택권의 부여 방법)
"갑"과 "을"이 선택권을 부여하는 계약을 체결할 경우, "갑"과 "을"은 서면으로 2통의 계약서를 작성하여 각각 선택권 행사 시까지 보관한다. 선택권 행사 방법은 신주 발행 교부, 자기주식 교부, 선택권의 행사가격과 시가와의 차액을 현금 또는 자기주식으로 지급하는 주가 평가 보상 중에서 선택권 행사일에 이사회에서 결정한다.

제3조 (부여일)
선택권의 부여일은 20OO년 OO월 OO일로 한다.

제4조 (행사가격)
"을"이 선택권을 행사함에 있어 "갑"에게 지급하여야 할 1주당 금액(이하 행사가격)은 OOOO원(1주당 액면가 OOO원)으로 한다.

제5조 (행사가격과 부여할 주식 수의 조정)
① 선택권 부여일 이후 선택권을 행사하기 전에 "갑"이 자본 또는 주식발행사항에 변동이 있는 경우에는 제1조의 교부할 주식의 수 또는 제4조의

행사가격은 다음 각 호와 같이 조정한다.

1. 준비금을 자본전입(무상증자)하는 경우: 행사가격 및 수량은 다음과 같이 조정한다.
조정 후 행사가액 = 조정 전 행사가격 × 무상증자 직전 발행주식 총수 / (무상증자 직전 발행 주식 수 + 무상증자 발행 주식 수)
조정 후 행사 수량 = 조정 전 행사 수량 × (무상증자 직전 발행 주식 수 + 무상증자 발행 주식 수) / 무상증자 직전 발행 주식 총수
2. 주식분할을 하는 경우: 행사가격은 액면가의 분할비율과 동등한 비율로 감소하고 교부할 주식의 수는 액면가의 분할비율의 역수로 증가한다.
3. 주식병합을 하는 경우: 행사가격은 액면가의 병합비율과 동등한 비율로 증가하고 교부할 주식의 수는 액면가의 병합비율의 역수로 감소한다.
4. 자본 감소, 이익 소각, 상환주식을 상환하여 발생 주식 총수가 감소하는 경우: 교부할 주식의 수는 발행 주식 총수의 감소비율과 같은 비율로 감소하고 행사가격은 다음 식으로 조정한다.
조정 후 행사가액 = 조정 전 행사가액 × [{(기발행 주식 수-감소 주식 수) × 1주당 주식환급가액} / 시가] / (기발행 주식 수-감소 주식 수)

② 제1항에 의한 조정은 제1항 각 호의 사정이 생긴 때에 별도의 절차 없이 이루어지며, 이 경우 "갑"은 "을"에게 지체 없이 그 내용을 통지하여야 한다.

제6조 (행사 기간)
선택권은 부여일로부터 2년 경과 후 행사할 수 있고, 부여일로부터 7년 이내에 행사해야 한다.

제7조 (행사 방법 및 절차)
① "을"은 제6조의 기간 내에 제1조가 정한 주식 수 또는 제6조에 의해 조

정된 주식 수의 전부 또는 일부에 관해 선택권을 행사하거나 분할하여 행사할 수 있다.

② "을"이 선택권을 행사하고자 할 경우에는 "갑"이 작성한 주식매수선택 권 행사 신청서에 선택권을 행사하고자 하는 주식의 종류와 수를 기재하고 기명날인 또는 서명을 하여 "갑"에게 제출해야 한다.

③ 이사회에서 선택권 행사 방법을 신주 발행 교부, 자기주식 교부로 결정된 경우에는 제4조의 행사가격 또는 제6조에 의해 조정된 행사가격에 의거 제4항에서 규정하는 납입금보관은행에 납입하여야 한다.

④ "을"이 행사가격을 납입할 장소는 OOO은행으로 하며, "갑"과 "을"의 상호 협의하에 변경 가능한 것으로 한다.

⑤ 이사회에서 선택권 행사 방법을 선택권의 행사가격과 시가와의 차액을 현금 또는 자기주식으로 지급하는 주가 평가 보상으로 결정된 경우에는 행사일로부터 7일 이내에 지급한다.

제8조 (선택권 행사의 효력)
"을"은 제7조 제3항의 납입한 때 또는 제7조 제5항의 자기주식을 교부받은 날로부터 "갑"의 주주가 된다. 단, 납입한 날이 주주명부의 폐쇄 기간 중의 주주총회에서는 의결권을 행사하지 못한다.

제9조 (양도 및 담보의 제한)
"을"은 선택권을 양도하거나 담보로 제공해서는 안 된다. 단, "을"이 선택권을 행사하기 전에 사망한 경우에는 그 상속인이 선택권을 승계한다. 선택권자가 선택권 행사기일 이전에 사망한 때도 같다.

제10조 (주식매수선택권 부여 취소 사유)
① 주주총회 결의일로부터 2년 이내에 선택권을 부여받은 "을"이 다음 각 호의 1에 해당한 때에는 "갑"은 이사회 결의로 선택권의 부여를 취소할 수 있다.

1. "을"이 선택권 행사기일 이전에 본인의 의사에 따라 퇴임하거나 퇴직한 경우, 단 이사인 "을"이 이사를 퇴직하고 계속 "갑"의 종업원으로 근무하는 경우에는 퇴임 또는 퇴직으로 보지 아니한다.
2. "을"이 고의 또는 중대한 과실로 "갑"에게 중대한 손해를 끼친 경우
3. "갑"의 파산 또는 해산 등으로 "갑"이 선택권의 행사에 응할 수 없는 경우

② 제1항의 취소는 이사회의 결의로 하며, 이사회는 제1항의 사유가 발생한 경우에는 바로 취소의 결의를 할 수 있고, 취소 결의가 된 때에는 이를 바로 "을"에게 통지해야 한다.

③ 제1항의 사유의 존부 또는 이사회의 취소 효력을 다투는 소가 제기되고 이 소송에서 "을"이 승소한 판결이 확정된 경우에는 선택권 부여를 취소한 이사회 결의는 취소 시에 소급하여 효력을 상실한다.

④ 상법 제385조에 의해 "을"의 해임을 청구하는 소가 제기되거나, "을"을 이사 또는 감사로 선임한 주주총회 결의의 효력을 다투는 소가 제기된 경우에는 당해 소에 대한 법원의 확정판결이 있을 때까지 "을"은 선택권을 행사할 수 없으며, 당해 소에서 "을"을 해임하는 판결이 확정된 경우에는 선택권의 부여를 취소하며, "을"을 선임한 주주총회 결의를 취소하는 판결(무효, 부존재 판결을 포함한다)이 확정되는 경우에는 선택권을 부여하지 않는 것으로 본다.

제11조 (합병, 분할로 인한 승계)

① "갑"이 다른 회사에 흡수 합병계약에 따라 다른 회사가 "을"에 대한 주식교부의무를 승계하지 않을 때 "을"은 합병결의 후 2주 안에 선택권을 행사해야 한다. 단, 합병이 "을"에 대한 선택권 부여일 이후 2년 내에 이루어지는 경우 "갑"은 다른 회사가 "을"에 대한 의무를 승계할 것을 합병계약의 내용으로 해야 한다.

② "갑"이 분할(물적 분할을 제외한다)로 인하여 회사를 신설하거나 "갑"의 일부가 다른 회사와 합병하는 경우 분할계획 또는 분할합병계약에 의

해 다른 회사가 선택권자에 대한 의무를 승계하지 않을 때 "을"은 분할
계획서 또는 분할합병계약서를 승인하는 주주총회의 결의일로부터 2주
안에 선택권을 행사하여야 한다. 단, 분할이 "을"에 대한 선택권 부여일
이후 2년 내에 이루어질 때 "갑"은 다른 회사가 "을"에 대한 의무를 승
계할 것을 분할계획 또는 분할합병계약의 내용으로 해야 한다.

제12조 (준용)
이 계약에서 정하지 아니한 사항은 이 계약 체결을 현재 시행 중인 관련 법
규 및 "갑"의 정관과 합의에 따른다.

제13조 (재판관할)
이 계약에 관련된 소송은 서울중앙지방법원에 제소하여야 한다.

제14조 (서명날인 및 보관)
이 계약서는 2부 작성하여 "갑"과 "을"이 서명 날인할 후 각 1부씩 보관하
기로 한다.

20XX년 OO월 OO일

"갑"
회　사　명 : 주식회사 OOOO
주　　　소 :

"을"
성　　　명 :　　　　　(인)
주민등록번호 :

스톡옵션을 부여할 수 있으므로 회사의 정관을 먼저 살펴봐야 한다.

위 계약서는 충실하게 상법에 근거하여 일반적 관점에서 작성되었다. 여기서 한 가지 중요하게 생각해 볼 조항이 있다. 많은 비상장 스타트업이 상기 계약서에서 제5조(행사가격과 부여할 주식 수의 조정)를 빠뜨린다. 대략 두 가지 이유 때문이라 짐작할 수 있는데, 하나는 스톡옵션 계약서를 스타트업에 제공한 법무사나 변호사의 무지 때문이다. 이들은 해당 계약서의 근거 법과 정합성整合性을 따진다. 따라서 제5조와 같은 회계 지식이 없는 경우가 허다하고 무엇보다 그들에게 제5조는 불필요해 보인다. 심지어 어느 법무사는 1년 전 나에게 10년 전 없어진 증권거래법이 명시된 계약서를 제공한 적도 있다. 즉 계약서를 제공한 자나 해당 스타트업의 경영진이 제5조가 필요하다는 것을 모르기 때문에 빈번하게 누락이 일어난다.

또 다른 이유는 피부여자의 행사가격을 높이려는 스타트업 경영진의 의도적 꼼수다. 그러나 제5조가 없으면 스톡옵션은 그 의미가 퇴색하고 만다. 만약 5조가 누락된 계약서를 피부여자에게 제시한다면, 계약 당시에 그것을 알아챌 직원은 드물겠지만 이내 알게 된다. 오히려 회사와 피부여자가 마찰을 빚으며 스톡옵션의 취지와 역행하는 결과를 가져올 수도 있다. 실제로 나는 투자 심사 중 몇 번 그런 사례를 경험하며 회사와 피부여자를 중재한 적이 있었다.

기업의 자본금 변동을 이해한다면 이 내용에 대해 이해하기 쉽다. 기업은 항상 자본금을 늘리거나(유무상 증자), 줄이거나(유무상 감자),

두 회사가 합쳐지고 분리되는(합병과 분할) 등의 자본 활동을 한다. 자본금은 주식 수와 같은 개념이다. 즉 주식의 액면가에 주식 수를 곱하면 그것이 자본금이 된다. 그리고 1주의 가격은 시가총액에서 발행 주식 총수를 나눠 계산한다.

예를 들어 어떤 기업의 시가총액이 100억 원이고, 자본금이 1억 원(액면가 500원)이라면 발행 주식 총수는 1억 원/500원 = 200,000주가 되고, 한 주의 가격은 100억 원/200,000주 = 50,000원이 된다. 스타트업이 어느 직원에게 부여한 스톡옵션 행사가격을 50,000원으로 정했다고 치자. 만약 이 기업이 시가총액 200억 원을 달성하면 주식 가격은 10만 원이 되므로 해당 직원은 스톡옵션을 행사하여 주당 5만 원의 차익을 실현할 수 있다. 그러나 대부분 회사의 자본금은 계속해서 변동한다. 즉 스톡옵션 부여 후 이 회사가 투자를 받거나, 잉여금을 자본금에 전입시켜(무상증자) 자본금이 두 배로 증가했다고 가정하자. 이 경우 발행 주식 총수는 40만 주로 증가한다. 그렇다면 회사가 성장하여 시가총액이 200억 원으로 변했음에도 1주의 가격은 5만 원이다. 결국 피부여자(직원)의 행사가격을 자본금 변동과 관계없이 5만 원에 고정시킨다면 그 스톡옵션은 의미가 없어진다. 따라서 이때 피부여자의 행사가격 5만 원을 2만 5천 원으로 당연히 낮추어야 한다. 이러한 회사의 자본금 변동에 따른 스톡옵션 피부여자의 행사가격 변동에 대한 '계산식'을 담은 조항이 제5조다. 스타트업 경영자든, 피부여자든 계약서의 제5조를 잊지 말아야 한다.

팀원을 존중하지 않으면
성공도 없다

5년 전쯤 있었던 일이다. 당시 내가 운영하던 스타트업 M&A팀은 중국에 관심이 컸다. 모든 시장 관계자들도 비슷했다. 여러 문화 콘텐츠들로 '대한민국'이라는 브랜드가 형성되자, 중화권의 관광객들이 매년 물밀 듯이 한국으로 들어왔었다. 자연스럽게 국내에는 그 수요를 감당하기 위해 비즈니스호텔, 요식업과 같은 서비스업이 우후죽순으로 생겨났고, 현재 영종도에 있는 복합리조트들도 당시 공사에 박차를 가하던 시기였다. 막대한 자본을 가진 중국 기업 또는 한국 기업에 깊은 관심을 가졌다. 당연히 이들은 주로 의류, 화장품, 엔터테인먼트와 같은 트렌디한 소비재 기업에 집중했다. 이런 업종 중 우리 팀의 관심은 엔터테인먼트에 있었다. 우리나라 엔터테인먼트 산업은 콘텐츠 하나로도 충분히 경쟁력이 있으며 파생되는 경제 효과 또한 크다. 방탄소년단(BTS)이 거둔 성과를 보면 알 수 있다.

직원을 무시하면 벌어지는 일

우리는 꼼꼼하게 엔터테인먼트 산업분석을 한 후 우선 '기획사'라 불리는 엔터테인먼트 기업들을 분석하기 시작했다. 이미 엄청난 자본력의 중국 기업들이 대형 기획사들을 선점하고 있었다. 당시 SM

은 중국 최대 포털인 바이두百度와 협업하고 있었고, YG는 텐센트와, 스타쉽(로엔)은 위에화엔터테인먼트와, 그리고 FNC는 쑤닝유니버설미디어가 들어가 있었다. 당시 JYP는 분석하지 않았다. 2013년까지 JYP는 매출액 200억 원 정도에 적자 40억 원을 기록하던 회사였다. 그렇게 기업들을 분석하던 중 모두가 관심을 보인 한 기획사가 있었다.

이 회사는 유명한 작곡가가 설립한 이후 소속 가수들의 음악성을 높이며, 여러 아티스트와 함께 꽤 지명도가 있었던 한 남자 아이돌 그룹을 육성해 놓은 상태였다. 사실 우리는 '돈'이 안 되는 걸그룹에는 큰 관심이 없었다. 대신 남자 아이돌에 대한 팬덤과 그로 인한 비즈니스 파괴력을 알고 있었다. 당시 우리는 이미 중국 관련 M&A 거래를 한 건 성공시킨 덕에 중국에 여러 네트워크가 있었다. 우리의 네트워크에는 의류업으로 크게 성공한 중국 랑시lancy그룹도 있었고, 심천거래소에 상장한 콘텐츠 제작사 송성연예도 있었다. 우리는 각자의 인사이트를 모으기 시작했다. 그리고 이 회사를 지금과 비교되지 않을 수준으로 성장시킬 로드맵을 그렸다. 인사이트를 정리하여 이 회사의 전략 담당 이사를 만났다.

우리의 로드맵을 본 전략 담당 이사는 기뻐했다. 그는 대한민국 대중음악계에서 잔뼈가 굵은 인물이었다. 그는 우리의 인사이트를 충분히 이해하고 공감했으며 놀라워했다. 그도 우리에게 이와 관련한

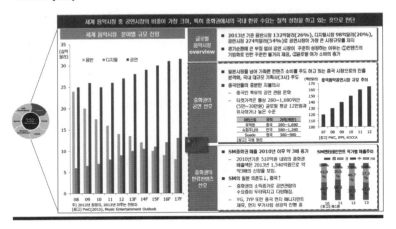

여러 인사이트를 제시했다. 그때 그에게 처음으로 들었던 한 아이돌 그룹의 이름이 있었다. 그는 그 아이돌 그룹이, 비록 타 회사 소속이지만 앞으로 대한민국을 모조리 집어삼킬 것이라고 예상했다. 그 아이돌의 이름이 바로 '방탄소년단'이었다. 그는 방탄소년단의 육성부터 마케팅까지 모든 과정을 자세히 알고 있었고, 그것을 본인 회사 소속의 남자 아이돌에게 접목하고 싶어 했다.

그러나 이사는 의사결정권자가 아니었다. 그 회사의 실질적 경영인이라 할 수 있는 부대표를 만나야 했다. 이 회사의 대표이사 및 최대주주는 경영과는 거리가 있는 '음악인'이었다. 그 사실을 회사의 직원들도 알고 있었다. 부대표는 대형 기획사 출신의 관리자였는데

186

30대 중반 정도로 보였고 기본적인 경영 지식이 있었다. 어느 날 우리는 기획사 사옥에 있는 회의실에 모였다. 우리 팀과 부대표, 이사 등이 마주 앉았다.

자료를 열고 회의를 시작하려는데, 갑자기 부대표에게 전화가 왔다. 그는 전화를 끊더니 심드렁하게 본인의 벤츠 키를, 자신보다 열 살쯤 많아 보이는 전략 담당 이사에게 내던지듯 툭 건넸다. "제 차 좀 다른 곳에 주차해 주세요." 갑작스러운 그의 무례함에 우리는 적잖이 당황했지만 정작 이사는 당연하다는 듯 차를 빼러 다급히 내려갔다.

우리의 발표가 절반이나 지났을까? 자료를 획획 넘기며 훑어보던 그가 자료를 덮고 나에게 몇 가지 질문을 했다. "우리 회사 기업 가치를 얼마로 보세요?" 예상했던 질문이었다. 난 솔직하고 차분하게 대답했다. "지금으로서 가치를 논하기는 어렵습니다. 그러나 저희가 제시하는 조건이 달성되는 경우 1,000억 원까지 빌드업(build up)하고 그 후 중국 엔터테인먼트를 대상으로 증자를 추진해 보는 것도 괜찮은 방법일 것 같습니다." 그는 비웃듯 웃음을 날리더니 지금 자기네 회사 가치가 최소 2,000억 원은 된다고 주장했다. 당시 그 회사의 실적은 100억 원 남짓한 매출에 25억 원 정도의 당기순손실을 기록하고 있었다. "저희 남자 아이돌 아시죠? 저희는 사실 중국에 '진출하지 않고' 있는 겁니다. 중국에 나가면 저희 대박 납니다. 저 사실 중국에 모르는 사람 없어요."

순간적으로 말이 나오지 않았다. 그에게 구체적 방법을 물어보고 싶었다. 그리고 우리가 치밀하게 준비해 온 방법과 비교해 보고 싶었다. 그러나 그때, 내 옆의 파트너가 나에게 귓속말로 '이 회의는 의미가 없을 것 같다'고 했다. 우리는 마지막으로 이 말을 남기고 회사를 떠났다. "부대표님의 생각과 비전이 최대주주인 대표님 생각과 같기를 바랍니다. 그리고 말씀한 대로 꼭 증자나 기업공개를 성공시켜서 여의도에서 다시 만나면 좋겠습니다." 그게 그 회사와의 마지막이었다. 그 회사는 현재에도 여전히 수십억 원대의 적자를 벗어나지 못하고 있으며 주력 소속 가수들은 대부분 이탈했다.

서로 질문할 수 있는 조직문화

10년 전《하버드 비즈니스 리뷰》에 이러한 내용의 글이 실렸다.

> "혁신에는 중요한 열쇠가 있다. 이는 마치 DNA의 구조와 같다. 백본backbone 주위를 네 가지 패턴이 나선형으로 둘러싸며 새로운 통찰력을 키우는데, 그 네 가지 패턴은 관찰, 질문, 실험, 네트워킹이다."

네 가지 중 가장 중요한 게 질문이다. 누구든 서로에게 질문할 수 있어야 한다. 그리고 팀은 아무리 시시껄렁한 질문이라도 쉽게 무시해서는 안 된다. 여러 각도로 살펴봐야 하고 시도해 봐야 한다. 조직

188

에서 '질문'이 갖는 속성과 관련하여 피터 드러커는 이렇게 말했다.

**"가장 중요하고 어려운 일은 올바른 '질문'을 찾는 것입니다.
올바른 '정답'을 찾는 게 아닙니다."**

즉, 우리가 스타트업을 창업하여 팀을 꾸렸다면 그 구성원들은 서로에게 끊임없이 질문해야 한다는 것이다. 그리고 팀은 질문을 수용할 수 있어야 한다. 질문이 묵살되거나 질문을 던지는 데 주저하는 마음이 생긴다면 구성원들은 더는 관찰하지 않는다.

미국의 많은 스타트업이 아침에 단 10분이라도 모여 서로에게 끊임없이 질문한다. "왜 컴퓨터는 부품 합계 가격의 다섯 배에 팔릴까?"와 같은 팀 구성원의 질문이 바로 지금의 델 컴퓨터[Dell Computer]를 있게 했다.

앞의 사례에서 그 전략 담당 이사는 방탄소년단의 성공을 직감했었다. 그 '성공 방정식'을 본인의 회사에 도입하고 싶어 했다. 그가 말한 방탄소년단의 성공에 대한 근거를 모두 기억하지는 못하지만 그때 방탄소년단이 5년 후 빌보드차트 1위를 달성할 거라고 예상했던 사람은 최소한 내 주변에는 없었다. 당시 그 이사의 생각이 경영진에 전달되어, 당시 회사가 보유했던, 꽤 지명도 있었던 그 남자 아이돌을 육성했다면 지금의 상황은 어땠을까? 그 아이돌은 현재 보이지 않는다. 그 이사는 그의 인사이트를 개진하거나 질문할 수 없었다. '시도'해 보려는 용기조차 내기 어려웠다. 어떻게 가능하겠는가? 열 살 어린 상사가 본인 자동차의 주차를 다시 하라고 열 살 위의 하급자에게 자동차 키를 던져대는 그런 조직문화에서 말이다!

　나는 무조건 수평적인 팀이 되어야 한다는 최근 스타트업의 논리에 전적으로 동의하지는 않는다. 그러나 대표이사가 수직적으로 완벽하게 경영의 모든 부분 하나하나에 깊숙이 개입해야 한다고도 생각하지 않는다. 분명한 것은 스타트업은 팀플레이로 성장한다는 점이다. 그 팀플레이는 단지 각자의 역할에 충실해야 한다는 당위성과 더불어, 서로에 대한 깊은 애정과 존중으로 완성된다고 믿는다. 따라서 스타트업 CEO는 독단을 버려야 한다. 금맥金脈은 자주 CEO의 인사이트보다 팀 구성원의 질문에서 발견된다.

성공 방정식 14

어떻게 투자를
유치할 것인가

작년에 우연히 페이스북 광고를 보고 아연실색했다. '스타트업이 투자받는 방법'에 대한 온라인 강의를 광고하고 있었다. 그 강의를 들으면 투자 유치에 성공할 수 있다고 했다. 그러나 그것은 어불성설이다. 기본적으로 비즈니스가 구축되지 않은 상태에서 현란한 IR 자료 작성과 같은 잡기술로는 절대 투자 유치에 성공할 수 없다.

때로 누군가의 절박함은 분명 쉽게 돈 벌 수 있는 대상이 되기도 한다. 그러나 그러한 돈벌이의 과정에 타인에 대한 책임의식이 없다면 그것은 사기에 가깝다.

나에게 '어떻게 투자받을 수 있을지'를 물어보는 사람들이 많다. 그때마다 난 스타트업 투자 유치 가능성을 근육운동이나 다이어트에 비유하며 설명하곤 한다. 대개 남성들은 상체 근육, 즉 두꺼운 팔 근육과 넓은 어깨, 강한 가슴과 등 근육을 원한다. 피트니스센터에 가면 많은 남성이 운동을 하고 있다. 그러나 부위별 운동은 그리 좋은 효과를 발휘하지 못한다. 운동을 끝낸 직후 단지 피가 몰려 팽창된 근육을 보며 잠시 흐뭇할 뿐이다. 적절한 근육운동 방법은 하체와 상체 운동 간의 균형을 이뤄 몸 전체의 골격근을 증가시키는 것이다. 다이어트도 마찬가지다. 뱃살을 빼고 싶다고 아무리 윗몸 일으키기를 해서 복부를 자극해도 복부에 있는 지방은 쉽게 빠지지 않는다.

러닝이나 수영과 같은 유산소 운동으로 전신의 지방을 태웠을 때 뱃살도 함께 빠진다. 스타트업의 투자 유치 가능성은 결국 비즈니스의 성공 가능성과 궤를 같이한다. 그리고 그 성공 가능성은 한두 가지 요소만으로 예단하기 어렵다.

앞서 스타트업에서 성공하는 여러 조건을 제시했는데 그것들은 이른바 잡기술이 아니다. 시행착오를 줄이고 스타트업을 시작할 때 알아야 할 본질적인 부분이다. 공동창업자의 수를 늘리고, 이왕이면 정공법으로 대처하며, 자신이 잘 아는 영역에서 누구보다 능동성을 갖춰 도전하는 것이 초기 시행착오를 줄일 수 있다. 그리고 무엇보다 스타트업의 현금흐름, 즉 투자 유치 없이도 충분히 운영이 가능한 회사를 만들어야 한다고 역설했다. 만약 지금까지 이 책에서 밝힌 것들을 빠짐없이 이행한 창업가가 있다면, 그는 분명 투자 유치에 큰 무리가 없을 것이다. 그러나 이런 조건들을 충족하지 않았음에도 투자 유치를 희망하는 창업가가 있다면, 그는 우선 투자 유치에 대해 근본적인 이해부터 해야 한다. 다음의 네 가지를 중심으로 간략히 이해해 보자.

1) 벤처캐피털의 본질을 이해하라

먼저 스타트업의 투자 단계에 대해 알아보자. 스타트업은 성장에 따라 투자 단계startup financing cycle를 밟는데, 이것은 '시드머니seed money → 시리즈Aseries A → 시리즈B → 시리즈C~E'로 나뉜다. 시드머니는 사업 초기 단계에 창업할 때 필요한 초기 자금 확보가 목적이다. 시리즈A는 창업 2~5년 차 때 시장의 점검이 어느 정도 이뤄진 상태에서 받는 투자로 보통 10~20억 원 사이에서 이뤄진다. 시리즈B는 보통 30~100억 원에 이르는 투자 규모로 제품이나 서비스를 완성해 시장에 출시하는 단계에서 이뤄지는 투자를 말한다. 시리즈C~E는 보통 100억 원 이상의 대규모 투자로 제품이나 서비스가 검증된 이후 글로벌 진출 혹은 연계사업의 확장 등을 목적으로 이루어진다.

투자자에도 여러 종류가 있다. 비상장 기업이나 자산에 투자하는 투자자 형태도 한둘이 아니다. 규모 순서대로 나열해 보면, 성숙한 기업의 현금흐름을 토대로 해당 기업을 인수하여 되파는 사모펀드(PEF)들이 있다. 홈플러스를 7.2조 원에 인수한 MBK 같은 회사다. 그리고 기업의 실적을 토대로 기업공개가 가시권에 들어온 기업에 투자하는 벤처캐피털이나 사모펀드 등의 성장금융growth capital이 있다. 이들은 주로 시리즈C 이상의 기업공개 전 기업을 대상으로 투자한다. 이들은 수십 배의 매각차익, 즉 이른바 '대박'보다 '중박' 정도의 안전성을 추구하며 적게는 수십억 원에서 많게는 수백억 원까지도 투자한다. 스타트업 창업가가 대면하는 벤처캐피털은 주로 시리즈B 이하 규모의 기업에 투자하는 투자자다. 그 이하의 규모로는 액셀러레이터나 엔젤 투자자가 있는데, 대부분 투자 규모가 몇천만 원에서

1, 2억 원 수준이라 스타트업에 큰 도움은 되지 않는다. 그래서 이들은 일반적인 투자의 본질적 목적보다 투자를 통해 시리즈A 투자를 유도하는 마중물 역할을 주로 담당한다.

벤처캐피털도 하나의 기업이다. 기업의 관점으로 볼 때 시리즈B 이하의 기업에 투자하는 벤처캐피털이나 액셀러레이터는 대체로 매우 영세하다. 그러나 그들의 사업 목적은 스타트업 지분과 같은 고위험 자산에 투자하는 것이다. 태생적으로 이들은 고위험 고수익을 추구하지만 실제 투자 행위에서는 보수적일 수밖에 없다. 이들의 수익 구조를 살펴보자.

이들은 주로 펀드에서 발생하는 관리보수를 재원으로 벤처캐피털을 운영하는데, 이때 관리보수는 펀드 규모의 2.1~2.5% 내외다. 만일 어느 벤처캐피털이 국가의 모태펀드에서 100억 원 규모의 5년 만기 펀드를 조성했다면, 조성 후 3년간 매년 2억 원 정도를 운영자금으로 사용할 수 있다. 나머지 기간은 펀드의 잔액을 기준으로 관리보수의 요율이 매겨진다. 가급적 빨리 펀드를 소진하라는 정책적 함의다. 또한 성과보수도 있다. 그것은 약 1%에서 6% 내외의 최소 요구 수익률required rate of return을 상회하는 수익에 대해 20%로 매겨진다. 벤처캐피털에는 이러한 관리보수와 성과보수 외에는 거의 수익의 대상이 없다. 이들은 결국 새로운 펀드를 더 많이 조성하여 해당 펀드에서 발생하는 관리보수를 창출하는 것과 투자에 성공하여 성과보수를 받는 것이 경영의 목적이다.

창업가가 명확한 지표(현금흐름 등) 없이 시리즈A에 투자하는 벤처캐피털을 찾아간다면 어김없이 이 말을 듣게 될 것이다. "투자를 받아 보거나 현재 투자하겠다는 곳이 있나요?" 없다고 하면 이런 대답이 돌아온다. "회사의 단계는 저희보다는 프리 시리즈A^pre seriesA나 액셀러레이터에 맞는 것 같습니다." 즉, 본인들이 비록 초기 기업을 대상으로 하는 투자자이지만 위험을 피하겠다는 의미다. 설령 투자를 집행한다고 해도 이들은 단독 투자를 꺼린다.

이들은 클럽 딜^club deal 형태로 여러 벤처캐피털의 컨센서스^consensus를 모아 투자하는 것을 선호한다. 정부에서 자금을 받아 가장 위험한 자산에 투자하는 것을 목적으로 하는 이들이 정작 위험을 피한다는 게 다소 의아하게 들릴 수도 있다. 물론 모든 투자 행위는 리스크를 최소화하려고 노력하는 것이 당연하다. 그러나 기본적으로 이들이 위험을 피하는 이유는 근본적으로 이들이 영세하기 때문이다. 즉 투자에 실패하여 추가적인 자금 조달(펀딩)이나 성과보수를 받지 못하는 경우 해당 벤처캐피털의 존립이 위태로워질 수도 있다. 실제로 많은 벤처캐피털이 존재감 없이 시장에서 사라진다. "벤처캐피털이 벤처기업에 투자하지 않아요."와 같은 말이 나오는 이유다.

2) IR 자료를 작성해 본다

시장은 우리 생각보다 더 효율적이다. 이 말은 본인이 계획하거나 시도하려는 것을 이미 누군가도 생각했거나 앞서 진행하고 있음을 의미한다. 그래서 주식이든 기업이든 본인만 아는 정보로 성공시키기는 쉽지 않다. 만약 창업가의 스타트업이 ① 현금흐름을 발생시키고 있다거나('스타일난다'의 초기), ② 현금흐름이 발생하지 않아도 빠르게 고객들이 모이고 있다면('카카오'의 초기) 그것은 기존 시장의 문제점을 개선했다는 의미이고, 소비자들이 창업가의 문제의식에 동의했다는 뜻이다. 이것은 매우 중요한 시사점을 지닌다. 스타트업은 투자자에게 단지 '우리 회사는 놀라운 제품을 개발했으니 투자해 주세요'와 같은 방법으로 막연하게 호소해선 안 된다. 투자자의 관점에서 투자 하이라이트investment highlight를 제시해야 한다. 이렇게 말이다.

> "우리는 시장의 문제점을 발견하여 그것을 개선했습니다. 그랬더니 이러한 지표들이 나왔고 소비자들이 환호하고 있습니다. 우리는 당신의 투자자금을 이곳(또는 새로운 곳)에 사용할 계획입니다. 우리의 매출은 향후 이 정도로 증가할 것이고 결국 당신은 이 투자로 몇 배의 이익을 얻을 것입니다."

다시 말하지만 투자자는 가슴 근육이 비대하다고, 팔 근육이 남다르다고 투자하지 않는다. 전반적으로 잘 형성된 골격근을 보여 줘야 투자자는 반응한다. 따라서 IR 자료에서 가장 중요한 부분은 투자 하이라이트다. IR 자료를 구성하는 모든 콘텐츠를 소개하고 설명할 수는 없지만 내가 직접 작성했던 어느 기업의 IM^{information memorandum} 파워포인트 버전을 발췌하여 간단히 말해 보겠다.

IM은 기업 금융과 관련한 모든 형식의 투자설명서 중에서도 가장 자세하고, 때로 그 양이 방대할 수 있어 작성하기가 까다롭다. 그럼에도 군이 완성된 기업의 IM을 사례로 드는 이유는 매출 없이 '꿈을 호소하는' 스타트업보다 현실적인, 즉 현금흐름에 기반한 스타트업을 더 선호하기 때문이고, 보다 현실에 가까운 투자설명서를 투자자에게 제시하여 투자 유치에 성공하기를 바라는 마음에서다. 무엇보다 시리즈A 투자 유치든, 시리즈C든, M&A든, 기업공개든 모든 투자설명서는 그 의미와 형식이 유사하다. 우선 목차를 다음과 같이 구성해 보자.

투자설명서 목차

1. 투자 유치 목적과 일정(Transaction summary & Schedule)

2. 투자 하이라이트(Investment Highlight)

3. 사업에 관한 사항(Business Overview)

4. 회사에 관한 사항(Company Overview)

5. 재무에 관한 사항(Financial Overview)

6. 기타(Miscellaneous)

1. 투자 유치 목적과 일정

투자 유치 희망 금액과 유치한 자금을 어떻게 사용할 것인지 기재한다. 보통 기업들의 투자자금 사용 목적은 크게 세 가지로 구분된다. 첫 번째는 설비(시설) 투자다. 이 경우 반드시 염두에 둬야 할 것은 ROIC^{Return On Invested Capital}다. 즉, 현재 복사기가 두 대인데 투자를 받아 한 대를 더 사고 싶다면, 추가되는 그 복사기에서 발생할 현금흐름을 설득력 있게 제시해야 한다.

두 번째는 마케팅 비용이다. 투자자의 입장에서 가장 까다롭게 따지는 부분이다. 광고비는 회수하기 어려운 매몰비용이기 때문에 일종의 도박성 투자라고 여길 수 있다. 이때는 반드시 두 가지를 함께 제시하여 투자자를 설득한다. 지난 광고에서의 우수한 효율성 지표("시범 삼아 1천만 원으로 광고해 봤더니 매출액이 2천만 원 달성됐어요."와 같은)와, 누적된 광고 효율 관련 데이터 및 노하우("다양한 수단으로 광고하여 가장 좋은 방법을 찾아냈고, 점점 광고 효율이 개선되고 있어요."와 같은)가 바로 그것이다. 이 두 가지의 요소로 설득력 있게 쓴다면 투자자는 투자 후의 매출액 증가분을 합리적으로 추정할 수 있다.

세 번째는 운영비용이다. 인건비, 임차료 등이 포함된 운영비용이 부족하다면 해당 스타트업은 매출에 의한 현금흐름이 제한적일 가능성이 크다. 따라서 이 또한 투자자는 투자자금이 매몰비용으로 사용될 거라고 인식한다. 이때는 두 가지 방법론으로 호소해 보자.

이 기업을 유지하면 매출이 발생한다는 개연성 높은 증거("이 개발이 완료되면 삼성전자가 갤럭시에 우리 모듈을 채용한대요. 계약서를 보세요."
와 같은)와, 급증하는 이용자들을 대상으로 한 개연성 높은 매출 창출
계획("우리 회원 수는 벌써 50만 명이 넘었고, 하루 트래픽이 2만 건 넘게 발생
하고 있어요. 아직 매출은 없지만, 기존 회원들을 대상으로 매출을 시도했더니
좋은 반응이 있었어요."와 같은)이다.

투자를 준비할 때 일정 또한 중요하다. 최소 6개월 전부터 투자자
들과 접점을 찾아야 하며 통상의 투자 심사 기간(최소 2개월, 최대 6개
월 이상)을 고려하여 꼼꼼하게 스케줄을 작성해야 한다.

2. 투자 하이라이트

투자자가 회사의 객관적 자료를 검토하여 매력적인 투자 포인트

A기업의 IR 자료 중 투자 하이라이트 요약 부분

Investment Highlight(요약)

1. 진입장벽 높은 B2B 결제 e-Marketplace로 안정적현금흐름 확보
   - 시장점유율 : XX% (경쟁업체는 XXXX 등 소수)
   - 현재 XX사업자의 신규 진입은 사실상 불가능한 상황
   - 등록업체 XX 기업, 연간 결제 건수 XX건, 연간 거래금액 XX원
     주) 201X년말 기준

2. 빅데이터와 금융노하우를 활용한 B2B 구매대행 플랫폼의 높은 성장성
   - 약 XX개 기업들과 이들의 거래기록 빅데이터를 활용한 구매대행 사업
   - 특정 품목에 한정되지 않은 다양한 품목들의 거래
   - 최근 5개년 매출액 성장률 XXX%

3. IT기술과 금융노하우에서 발전한 성장성 높은 Fin-Tech 사업 진행 중
   - 기업보유 자산(유형/재고자산, 매출채권)에 대한 거래 정보 플랫폼 구축
   - 아일랜드의 XXX와 유사한 사업모델
   - 전국 주유소 신용카드채권 유동화사업, 홈쇼핑 유통 및 재고처분 사업

4. 다양한 상거래 경험과 시행착오를 바탕으로 철저한 위험관리 시스템 구축
   - 최근 X개년 비경상손실로 철저한 기업 내부통제시스템 강화
   - 물류창고 통폐합, 시스템구축, 강화된 규정 신설
   - 201X년 대손발생 0건

5. 풍부한현금흐름 창출로 안정적 재무건전성 확보
   - 201X년말 부채비율 XX%, 유동비율(유동자산/유동부채) XX%
   - 201X년 기말의 현금 XX억원, 유동자산(현금+매출채권 등) xx억원
   - 기발행 BW의 워런트가 행사되어 차입금 상환할 경우 무차입

200

를 찾아내기 전에 회사가 먼저 그 핵심을 정리해 두는 것이다. 무턱대고 자랑에만 그치면 어떤 투자자도 거들떠보지 않는다. 자신의 스타트업이 나에게는 자랑스럽겠지만 투자자에게는 단지 수많은 검토 기업 중 하나에 불과하다. 이 부분에서는 자랑할 만한 부분과 함께 투자자의 관점에서 기업의 차별성을 호소해 보자.

투자 하이라이트는 결국 하나의 스토리텔링과 같다. 난 해당 부분의 흐름을 이렇게 구성했다. 먼저 크지 않은 시장 규모에 대한 투자자의 우려를 의식했다. 그래서 우선 시장의 안정성과 진입장벽에 따른 안정적 현금흐름을 강조했다. 그리고 그 현금흐름을 바탕으로 펼쳐질 향후의 성장성을 보여 주고, 투자자가 재무제표를 통해 충분히 알아챌 수 있는 회사의 리스크에 대한 보완 결과를 설명했다.

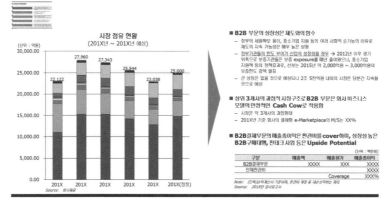

투자 하이라이트 중 현재 상황을 설명한 부분

투자 하이라이트를 다섯 가지로 요약하여 적은 후 좌측 상단에 마치 책갈피처럼 요약페이지의 이미지를 넣어 투자자에게 투자 핵심의 스토리를 이해하기 쉽게 정리했다. 결국 투자 핵심의 전개는 ① 현재 비즈니스의 안정성과 수익성, ② 현재의 비즈니스를 통한 성장성 높은 연계 사업 추진이다. 그러나 여기에 만족해선 안 된다. 이미 발생한 또는 발생 가능한 리스크를 점검하여 ③ 위기관리 부분을 구성해야 투자자가 좀 더 깊은 신뢰를 보낸다.

투자 하이라이트 중 위기관리를 설명한 부분

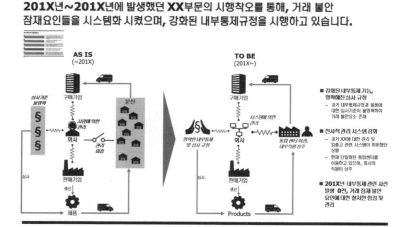

규정과 시스템을 어떻게 보완해야 할지를 투자자들에게 이해시키는 데 텍스트만으로는 한계가 있다. 좀 더 쉽게 그림과 도표를 사용하여 간단히 설명했으며 이후의 페이지에서 텍스트로 다시 한 번 적

는다. 투자 하이라이트는 위와 같이 구성되는 게 가장 이상적이다. "당신이 투자하지 않아도 우리는 먹고살 수는 있습니다. 그러나 투자자금으로 기존 비즈니스를 개선한다면 충분히 가파른 성장이 예상됩니다. 우리는 미약하나마 이미 시도해 봤고 당신에게 지표로 증명할 수 있습니다. 물론 예상되는 리스크는 있습니다. 그래서 우리는 이렇게 대비했습니다(또는 하려고 합니다)." 결국은 흐름을 잘 짠 스토리다.

3. 사업에 관한 사항

회사의 전반적인 비즈니스에 대한 분석이다. 먼저 시장과 전방산업에 대한 이해를 담아야 한다. 대부분의 투자자는 톱다운top-down 방

비즈니스 분석 중 해당 산업의 동향 부분

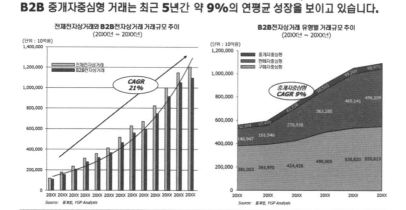

식으로 기업분석을 시작하기 때문에 해당 산업의 크기와 성장에 대해 먼저 논하는 것이 좋다.

대부분 창업가는 산업분석을 하는 데 큰 어려움을 느끼지 않는다. 이미 해당 산업에 대한 이해가 충분하고, 살펴본 자료가 있기 때문이다. 그러나 자료를 구글링하는 것에만 매달려서는 곤란하다. 좀 더 시간을 투자해 보면 통계청을 비롯한 해당 산업 관련 정부 기관의 웹사이트에 놀라운 자료들이 많다. 또한 정부 산하 기관의 보고서나 논문들도 유심히 살펴보자. 즉, 투자자가 반박할 수 없는 시장의 근거들을 제시하자는 것이다. 만약 해당 비즈니스의 전방산업前方産業이나 시장 환경이 여러 산업에 해당한다면 각각의 시장 환경 분석 자료를 제시하자. 이와 같이 '시장'에 대한 분석을 끝낸 후 본격적으로 회사

비즈니스 분석 중 기업에 대한 이해 부분(맨 앞)

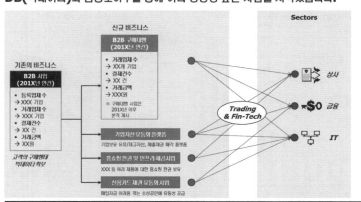

의 비즈니스에 관해 설명한다.

기업분석 전 위와 같은 '개요' 페이지를 제시한 이유는 마찬가지로 스토리텔링을 하기 위함이다. 난 우선 이런 개요 페이지로 개괄적인 이해를 제공한 다음 이후 페이지부터 회사의 각 사업 부문에서 매출 구성과 거래 품목, 사업 부문별 상위 매출처, 매출액 등을 기재했다. 그리고 기존 사업과 신규 사업에 대해 하나하나 그래프와 도표를 이용하여 상세히 설명했으며, 해당 비즈니스와 진입장벽에 대한 이해를 함께 도왔다. 경쟁자들의 현황과 재무구조도 분석하여 기재했다. 막연히 어려워 보이지만 차분하게 목차를 만들고 자료를 찾다 보면 시간이 다소 걸리더라도 막상 창업가에게는 그다지 어려운 일은 아닐 것이다. 비즈니스 분석 부분에 포함된 콘텐츠를 정리하면 다음과 같다.

-산업의 크기와 동 산업에서 해당 기업의 포지션

-기존 비즈니스에 대한 설명(매출액, 매출처, 고객 수 등의 각종 지표)

-신규 비즈니스에 대한 가능성(투자와 관련하여)과 기회 요인, 진입장벽, 경쟁자 분석

-비즈니스 관점(인력이나 재무 현황과 같은 요소를 배제한)에서 회사의 핵심 경쟁력

-벤치마킹 모델에 대한 이해와 설명

-사업을 둘러싼 규제 리스크

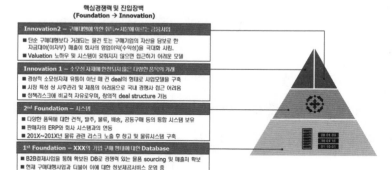

방대한 **DB**와 우수한 시스템을 인프라로 구매대행사업을 시작했으며, 금융노하우와
다양한 품목의 **dealing reference**는 회사의 핵심경쟁력으로 작용하고 있습니다.

핵심경쟁력 및 진입장벽
(Foundation → Innovation)

Innovation 2 – 구매대행에 의한 취득~처분에 이르는 금융사업
- 단순 구매대행보다 거래되는 물건 또는 구매기업의 자산을 담보로 한
  자금대여(이자부) 매출이 회사의 영업이익(수익성)을 극대화 시킴.
- Valuation 노하우 및 시스템이 갖춰지지 않으면 접근하기 어려운 모델

Innovation 1 – 소모성자재에 한정되지 않은 다양한 품목의 거래
- 경상적 소모성자재 유통이 아닌 매 건 deal의 형태로 사업모델을 구축
- 시장 특성 상 사후관리 및 제품의 어려움으로 국내 경쟁사 접근 어려움
- 정책리스크에 비교적 자유로우며, 창의적 deal structure 가능

2nd Foundation – 시스템
- 다양한 품목에 대한 견적, 발주, 물류, 배송, 공동구매 등의 통합 시스템 보유
- 판매자의 ERP와 회사 시스템과의 연동
- 201X~201X년 물류 관련 리스크 노출 후 창고 및 물류시스템 구축

1st Foundation – XXX의 기업 구매 형태에 대한 Database
- B2B결제사업을 통해 확보된 DB로 경쟁력 있는 물품 sourcing 및 매출처 확보
- 현재 구매대행사업과 더불어 이에 대한 정보제공서비스 운영 중
- 구매대행은 이러한 DB 또는 Captive Market이 없으면 성공하기 어려운 모델

스타트업 비즈니스에 대한 전반적인 소개와 분석은 최대한 지표
(숫자) 위주로 쓰는 것이 중요하다. 지표 없이 가정하며 쓴 IR 자료는
투자자에게 큰 의미를 제시하지 못하며 투자에 실패할 확률이 높다.

오늘 아침 지인으로부터 반가운 전화를 받았다. 스타트업 창업가
인 그는 나에게 첫 투자(시리즈A)에서 여섯 벤처캐피털로부터 총 40
억 원을 유치했다고 했다. 불과 넉 달 전만 해도 투자 유치 목표 금액
이 10억 원이었고, 투자자들에게 외면당했다고 상심하며 여의도를
찾아왔던 그였다. 당시 그는 화려한 IR 자료를 투자자들에게 전달했
을 게 분명했다. 왜냐하면 그도 나와 같은 IB 출신이기 때문이다. 그
러나 투자대금 40억 원을 끌어낸 것은 결국 지표였다. 넉 달 동안 회

206

사의 거래대금 성격의 자금이 무려 열 배가량 증가한 덕분이었다.

4~6. 회사에 관한 사항, 재무에 관한 사항, 기타

4번 이하는 기계적으로 회사의 데이터를 단순히 적는 부분이다. 기타는 있어도 없어도 상관없다. 다만 나는 기타 부분에 회사의 향후 5개년 추정 재무제표, CAPEX(미래의 이윤을 창출하기 위해 지출된 비용) 계획, 우발채무(피소된 소송 등의 현황) 등 향후 심사가 있을 때 제공할 데이터들을 미리 실었다. 기타를 제외하고 나머지 4번과 5번 항목에 담은 콘텐츠를 소개하면 다음과 같다.

① 일반 현황: 회사명, 서비스명, 기업형태, 설립일, 웹사이트, 주요 제품, 자본금, 대표이사, 주소 등

② 설립부터 현재까지 회사의 연혁(지표 등을 중심으로)

③ 주주명부, 기존 투자 유치 현황, 잠재주식(CB, BW, RCPS 등) 현황

④ 조직도, 창업가 및 핵심 인력 현황(역할, 경력, 학력, 근속기간 등), 향후 인력 운용 계획

⑤ 지식재산권(출원과 등록은 구분) 현황, 연구개발 실적과 연구개발 과제 수행 현황

⑥ 설립 후(또는 과거 3개년) 재무제표, 손익 추이, 손익에 특이점이 있는 경우 설명 등

투자설명서, 즉 IR 자료는 회사에 '지표'만 있다면 누구든 어렵지

않게 작성할 수 있다. 파워포인트와 같은 문서작성 프로그램에 익숙하지 않아도 크게 상관없다. 그것을 할 수 있는 전문가들은 시장에 너무나 많다. 프리랜서코리아와 같은 곳에 파워포인트 프로젝트를 포스팅하면 몇 시간 안에 저렴한 가격을 제시하는 PPT 디자이너의 연락을 받을 수 있다.

명심해야 할 점은 투자자들은 디자인보다 숫자에 민감하다는 것이다. 위와 같은 형식의 IR 자료를 작성한다면 아마 파워포인트 기준 50페이지 내외의 IR 자료가 완성될 것이다. 이 IR 자료를 10장 내외로 요약본을 만들어 투자자들과 만날 때 활용해 보자.

3) RCPS에 대한 정확한 이해가 필요하다

회사에 투자자의 현금이 들어오면 그것이 부채 성격인지 자본 성격인지에 따라 종종 채권적 투자와 자본적 투자로 그 성격을 구분하기도 한다. 투자 업계에서 채권적 투자는 전환사채Convertible Bond, CB가 대표적이고, 자본적 투자는 상환전환우선주(RCPS)가 대표적이다. RCPS를 자본적 투자로 보는 이유는, 대부분의 비상장 기업이 회계 기준으로 채택하는 K-GAAP(한국회계기준)에서 RCPS를 회사의 자본으로 인식하기 때문이다. 그러나 비상장 기업과 달리 상장 기업이 적용받는 K-IFRS(한국채택국제회계기준)에서는 RCPS를 부채로 인식한다. CB와 RCPS는 그 성격이 매우 유사하다. 이 둘을 비교하면 다음과 같다.

CB와 RCPS의 성격 비교

구분	CB	RCPS
원금상환 의무	O	O
이자 또는 배당 지급 의무	O(이자)	O(배당)
보통주식으로 전환	사채권 → 보통주식	우선주식 → 보통주식
K-GAAP 기준 투자자 지위	채권자	주주
투자자의 경영 참여	O	O
투자 유치 후 회사의 부채 비율	증가함	감소함
청산 시 우선순위	주주보다 우위	보통주식보다 우위

회사를 청산(파산)할 때 우선권에서 CB가 RCPS보다 더 우위에 있음에도 불구하고 현재 대한민국 대부분의 벤처투자는 RCPS로 이뤄진다. 그 첫 번째 이유는, 대부분의 스타트업은 자산이 없어서 어차피 투자 기업이 청산까지 가는 상황이라면 CB도 큰 의미가 없기 때문이다. 두 번째 이유는 투자 후 피투자 기업의 재무제표상 부채 비율을 높이고 싶지 않아서다. 다만 기계와 설비 중심의 청산 가치가 있을 것으로 보이는 성숙한 비상장 기업이나 일반 상장 기업에서는 폭넓게 CB가 활용된다.

투자자가 기업에 투자할 때 현금과 보통주식stock을 교환하는 경우는 극히 드물다. 보통주주는 우선주주보다 배당과 잔여재산 분배에서 열위에 있기 때문이다. 거의 대부분 국가의 상법은 주주가 배당을 먼저, 그리고 더 많이 받을 수 있는 우선주식preferred stock과, 주주임에도 마치 채권자처럼 상환을 요구할 수 있는 상환주식redeemable stock, 그리고 우선주식을 보통주식으로 전환할 수 있는 권리가 담긴 전환주식convertible stock을 명문화하고 있다. 이 모든 상법상 주주의 권리를 가진 것이 바로 RCPS다. 비록 회사의 입장에서는 보통주식으로 투자받는 것이 가장 유리하지만, 투자자 대부분은 당연히 RCPS를 선호한다. 결국 투자와 피투자 관계에서 상대적으로 열위에 있는 피투자 기업은 자연스럽게 이러한 RCPS 투자 관행에 따를 수밖에 없다.

혹자는 '왜 굳이 이렇게 좋은 우선주식을 보통주식으로 전환할까?' 의아할 것이다. 이유는 두 가지다.

첫째, 기업공개IPO 후 유통되는 주식은 '의결권이 있는 보통주식'만 허용하기 때문에, 피투자 기업의 기업공개 이후의 보통주식 전환 및 지분 매각을 감안해서다. 둘째, 일정 조건하에서 전환 '비율'을 조정하여 투자 수익률을 달성하기 위함인데, 이러한 전환 비율의 조정을 투자 실무에서는 '리픽싱refixing'이라고 한다. 리픽싱은 스타트업 창업가라면 피투자 전 반드시 알아야 하므로 투자 계약 체결할 때 조심해야 할 부분에서 다시 정리하겠다.

많은 창업가는 투자 계약 당시 투자자의 전환권C보다 상환권R을 더 부담스럽게 생각하며 예민하게 반응한다. RCPS는 실질적으로 부채라는 사실을 알기 때문이다. 그러나 실무적으로 RCPS의 'R', 즉 상환권은 사실 큰 의미가 없다. 많은 투자자도 이 사실을 알고 있다. 왜냐하면 회사의 '배당가능이익'이 상환의 재원이 되기 때문이다. 이 배당가능이익은 기본적으로 회사의 이익으로 형성된다. 투자자가 회사에 상환을 청구하여 투자자금을 회수하려면, 이 회사에 상법상의 배당가능이익이 있어야 한다는 것이다. 더군다나 지금은 과거처럼 최대주주 등 이해관계자, 즉 '사람'에게 연대보증채무를 지게 하는 시대가 아니므로 오로지 투자자는 회사에만 상환을 청구할 수 있다.

이익을 내지 못해 투자 당시의 기업 가치(밸류에이션)를 달성하지 못한 채 상환권 청구 시점에 도달한 기업에 과연 배당가능이익이 있을까? 이 경우 대개 회사의 배당가능이익보다 회사의 자본잠식이 투자자를 기다리고 있다. 그래서 해외에서도 점점 상환권을 포함하지 않는 추세이며, 최근 국내 스타트업 투자 업계에서도 초기 기업 대상 투자에서는 이 'R'을 뺀 CPS(전환우선주) 투자가 왕왕 이뤄진다. 만약 어느 스타트업 창업가가 투자 계약과 관련하여 투자자와 협상을 벌인다면 우선 상환권과 관련한 부분(기한, 금리 등)은 내주는 카드로 생각해도 큰 무리는 없다.

4) 투자 계약 체결할 때 조심해야 할 부분

자산에 대한 투자 관점에서 기업의 '신용도' 측면에서만 보면, 초기 기업에 대한 투자는 부실채권이나 코스닥 한계기업 투자보다도 위험한 투자라고 볼 수 있다. 그래서 초기 스타트업과 투자 계약을 할 때 상환권이나 리픽싱 등에 큰 의미를 두는 투자자는 그리 많지 않다. 그 조항이 현실화될 가능성이 높지 않기 때문이다. 그러나 어떤 기업이 초기 투자를 유치했다면 그 이후 시리즈A, B, C로 이동하며 계속해서 투자 유치를 계획할 가능성이 크다. 투자 유치를 염두에 두고 있는 스타트업 창업가라면 '일반적인 투자 계약'을 기준으로 유의할 것들을 미리 알아 두면 도움이 된다.

　투자 계약은 기본 계약서만 해도 수십 장에 이른다. 그러나 그 분량을 떠나 아무리 계약서에 익숙한 창업가나 변호사라도 투자 계약서를 처음 검토한다면 적잖게 당황할 수 있다. 이는 절대적인 갑을^{甲乙} 관계의 계약이기 때문이다. 기본적으로 기업의 투자 유치는 자본금을 증자(새로운 주식을 발행)하여 회사의 또 다른 지분권자(주주)가 생기는 과정이다. 그리고 새롭게 발행된 주식을 매수한 주주는 회사의 향후 성장성에 투자했다고 볼 수 있다. 우리가 삼성전자 주식에 투자하듯이 말이다. 그러나 실질적으로 투자자는 절대 수익 이상을 추구하는 채권자와 크게 다르지 않다. 때로 그보다 더 가혹한 조건을 제시하기도 한다. 내가 이 책에서 입에 침이 마르도록 '투자 유치 없이도 가능한 기업을 만들라', '현금흐름이 가장 중요하다', '투자 유치는 필요악이다'라고 역설하는 이유다. 아주 평범한, 즉 표준계약서라고 볼 수 있는 투자계약서의 주요 조항 중 몇 가지를 간단히 살펴보자.

① 배당가능이익이 발생했다면 회사는 마치 이자처럼 투자금액의 X% 배당을 해야 한다. 때로 투자자의 우선주식 1주가 보통주식 X주로 전환되어 최대주주가 바뀔 수도 있다.

② 투자 후 일정 기간 동안 기업공개를 하지 않거나 못한다면 투자자는 투자자금의 상환을 요구할 수 있다. 기업공개 공모 단가(주식 가격)가 투자 단가보다 낮은 경우 투자자의 지분율은 높아지고, 창업가의 지분율은 낮아진다.

③ 투자자금을 상환할 때 원금과는 별도로 매년 X%의 이자를 합하여 상환해야 한다.

④ 회사의 모든 중요한 경영 사항에 대해 사전에 투자자의 동의를 얻어 진행해야 한다. 직원 월급을 20% 이상 인상하는 데에도 투자자의 동의가 필요하다. 투자자가 고작 회사의 10% 지분을 취득했음에도 말이다. 이를 위반하는 경우 투자자는 창업가, 즉 '사람'에게 투자자금의 상환을 청구할 수 있다.

⑤ 회사로 유입된 투자자금은 자유롭게 사용할 수 없다. 무엇보다 창업가는 본인의 지분 전부 또는 일부를 매각하기 어려워진다. 매각 전 투자자의 동의를 얻어야 한다. 그리고 투자자는 창업가의 지분과 함께 본인의 지분도 함께 매각해 달라고 창업가에게 청구tag-along할 수 있으며 창업가는 그 청구를 받아야 한다. 이 경우 만약 매매 단가가 투자자의 투자 단가보다 낮다면 투자자는 창업가에게 연복리 X%로 투자자금 전액의 보전을 요구할 수 있다. 따라서 어느 매수자가 창업가의 지분을

사서 M&A를 하고 싶다면 'tag'가 붙어 있는 투자자의 지분 전부의 매수도 고려해야 한다. 매수자가 창업가의 지분과 함께 투자자의 투자자금 전부를 보전해 줄 수 없다면 창업가의 지분 매각이나 M&A는 사실상 어려워진다.

⑥ 회사의 기업공개 전, 만약 투자자가 본인이 보유한 RCPS의 30% 이상을 다른 벤처캐피털에 매각하는 경우, 이러한 모든 계약 조건들은 그대로 다른 벤처캐피털에 승계된다.

이런 계약서 내용을 보면 많은 창업가의 속이 불편해진다. 말마따나 회사의 성장성을 담보로 주식과 투자자의 현금을 동등하게 교환한 것인데, 왜 이들은 경영의 자율성을 박탈하는지, 본인들의 투자 실패에 대한 책임을 회사에 묻는지에 대해 합리적인 의문이 든다.

그럼에도 창업가는 계약서의 수정이나 삭제 또는 변경을 요구하기 힘들다. 만약 피투자 회사가 이러한 불공정한 계약에 불만을 느끼고 이의를 제기한다면 투자자는 이렇게 대답할 것이다. "이것이 가장 일반적인 표준계약서입니다. 법적으로 문제는 없습니다. 그래도 수정을 원하시면 저희 본부장님께 보고 드려보겠습니다."

필사적으로 절박하게 투자 유치에 매달려 계약 직전까지 온 상황이다. 결국 대부분 스타트업은 투자자가 제시하는 계약서에 순응할 수밖에 없다. 이왕 할 거라면 이렇게 생각하며 창업가의 자존심이라도 지키자. '어차피 이들도 정부 자금을 비롯해 남의 돈을 굴리는 사

람들이니 선관의무^{善管義務}에 충실하기 위해 어쩔 수 없을 거야.'라고
말이다.

대부분 스타트업 창업가는 분명 절대적인 '을'이다. 절박하고 순응
해야 하는 상황이긴 하지만 창업가에게 위험한 조항이 있다면, 그리
고 만약 다음에 나오는 세 가지 중 하나라도 계약서에 포함되어 있다
면, '이례적'임을 강조하여 해당 조항을 삭제할 수 있도록 투자자와
협상해야 한다. 협상에 실패한다면 어쩔 수 없다. 순응하거나 시간을
두고 다른 투자자를 알아보거나 투자 유치를 철회하는 방법밖에는
없을 것이다.

1) 드래그얼롱^{drag-along}

먼저 M&A의 경영권 프리미엄^{premium of corporate control}을 이해해야
한다. 경영권이라는 것은 최대주주의 지위를 말한다. 이를테면 이렇
다. 과거에 나는 한 상장 기업의 최대주주 지분(지분율 약 30%) 매각
을 주관했었다. 당시 그 기업의 주식 시가는 2천 원대 초반이었으나
매수자와 협상하여 계약한 최종 매각 가격은 4천 원대 중반이었다.
이와 같이 최대주주로서 지위는 회사의 소유권이나 다를 바 없고, 최
대주주는 주주총회를 장악할 수 있으므로 그 권한이 매우 강력하다.
따라서 최대주주의 지분을 매각할 때 통상적으로 주식의 시가에 프
리미엄이 더해진다. 2019년 경제개혁연구소에 따르면 2014~2018
년 국내 기업의 지배주주 지분 이전 시 발생한 경영권 프리미엄이 평

균적으로 시장 가격의 1.45배 이상이라고 한다.

드래그얼롱은 투자자가 최대주주의 경영권 프리미엄을 얻고자 하는 조항이다. 투자 후 투자자의 지분 매각이 불가능하거나 지분 매각으로 인한 수익이 불충분한 경우, 최대주주(창업가 등)의 지분을 끌어와drag, 회사를 매각M&A할 수 있는 권리인 것이다.

최근 스타트업과 창업 열풍이 불기 전에 과거 내가 검토했던 많은 기업의 투자계약서에 동반매각요청권을 뜻하는 드래그얼롱 조항이 들어 있었다. 최근 스타트업 투자 업계는 과거와 비교할 수 없을 만큼 상당히 선진화됐다. 그럼에도 불구하고 여전히 벤처캐피털은 다른 은행, 증권, 보험과 같은 금융산업에 비해 규제가 거의 없다. 무엇보다 드래그얼롱은 불법이 아니어서 언제든 벤처캐피털이나 비상장 기업 투자자는 드래그얼롱을 계약서에 포함시킬 수 있다.

물론 드래그얼롱이 비상장 기업 투자 실무에서 실행된 사례는 찾아보기 어렵다. 통상적으로 성숙한 상장 기업의 소수 지분에 투자하는 사모펀드와 체결하는 투자 계약에서 발견될 뿐이고, 그조차도 대개 투자자가 최대주주를 압박하는 수단에 그친다. 그러나 분명 이 조항은 스타트업 투자계약서에는 없어야 한다. 만에 하나라도 드래그얼롱이 발동된다면 창업가는 꽃을 피워 보지도 못하고 무기력하게 원치 않는 M&A를 경험할 수 있기 때문이다.

2) 실적 리픽싱

간단히 이렇게 이해해 보자. 만약 어떤 사람이 어느 기업의 주식 1주를 1만 원에 매수한 후 5년이 흘렀다고 치자. 시간이 많이 흘렀기 때문에 그는 이 주식을 최소 1만 4천 원에는 매각해야 한다. 어느 날 이 회사의 기업공개^{IPO}가 현실화됐다. 이제 그는 보유한 주식 1주를 상장유통시장에 매각하면 된다. 그러나 수요 예측$^{book-building}$ 결과, 기업공개 공모 가격은 1주당 7천 원으로 확정됐다. 이 경우 그는 어떻게 수익률을 맞출 수 있을까?

매우 간단하다. 내가 소유한 주식 1주가 주식 2주로 변하면 된다. 이 경우 1주당 단가는 7,000원이 된다. 이것을 바로 리픽싱이라고 한다. RCPS의 C, 즉 Convertible 권리는 우선주식 1주를 보통주식 X주로 전환할 수 있는 권리를 말한다. 이것은 전환사채^{CB}도 마찬가지다. 그리고 예를 든 'IPO 리픽싱'은 거의 모든 투자계약서에 명시되어 있다.

투자자는 IPO 리픽싱이 있어 안심한다. 그래서 피투자 기업의 창업가가 이 조항의 변경이나 삭제를 요구하며 협상을 벌이는 것은 쉽지 않다. 투자자들은 설령 기업공개 공모 가격이 기대에 못 미쳐도 리픽싱으로 절대 수익을 낼 수 있기에 이 조항은 양보하지 않는다.

난 과거 여러 비상장 기업들을 실사하며 종종 투자자의 어처구니없는 '묻지마 투자' 계약서를 발견했다. 투자 단가가 높은데도 계약을 하는 것이다. 어차피 IPO 리픽싱으로 수익을 낼 거라는 기대가 있기 때문에 가능하다. 그러나 창업가의 입장에서 리픽싱이 현실화하면 투자자가 보유하는 주식 수가 증가하는 만큼 최대주주의 지분율은 하락한다. 지분율 하락은 곧 창업가의 재산상 손실을 뜻한다. 이런 상황 때문에 현재 많은 벤처기업이 기업공개를 꺼린다. 상장유통시장에서 수요 예측을 통해 공모주식의 단가를 매기는 펀드매니저들은, 결코 상장 예비기업의 비이성적 밸류에이션을 용납하지 않는다. 주식시장에는 '누구나 수긍할 만한 가격'이란 게 있다. 수많은 기업이 기업공개 과정의 거의 막바지에 이르러 기업공개를 연기하거나 철회하는 이유가 바로 '실망스러운 공모 단가' 때문이다.

그러나 리픽싱은 IPO 리픽싱만 있는 게 아니다. 투자자의 가정과 조건에 따라 다양한 종류의 리픽싱이 존재한다. 대표적으로 '실적 리픽싱'이 있다. 과거 실제 발생했던 어느 유명 기업의 극단적 사례를 보며 실적 리픽싱을 이해해 보자. 다음은 어느 기업 손익계산서의 매출액과 매출 구성이다.

A 기업의 매출액 구성

과목	제4기	비중
인테리어 및 설비 관련 매출	843억 원	50.2%
제품 등 판매 매출	836억 원	49.8%
총매출액	1,679억 원	100.0%

출처: 금융감독원 공시시스템(dart), 《뉴스핌》(2012년 11월 26일자)

위와 같이 설립 4기 만에 1,700억 원 가까이 매출을 달성한 이 위대한 손익계산서의 주인은 과연 어떤 기업일까? 매출액의 구성이 인테리어 등의 공사 매출로 구성된 것으로 보아 디자인이나 건설 시공 관련 회사로 보인다. 그러나 이 손익계산서는 그 유명한 2011년의 '카페베네'다.

카페베네는 무차별적으로 가맹점 수를 늘렸고, 그 가맹점의 인테리어 공사로 막대한 이익을 거뒀다. 커피 판매 부문은 적자였으나 인테리어 사업 부문의 영업이익률은 무려 30%에 가까웠다. 국내 커피 가맹점 수가 포화 상태가 되자 카페베네의 캐시카우(수익창출원)였던 인테리어 공사는 점점 줄어들기 시작했고 회사의 매출과 이익은 급격히 떨어졌다.

2014년 카페베네는 결국 유동성 위기에 봉착했다. 당시 일각에서는 카페베네의 파산을 우려하기도 했다. 카페베네는 우여곡절 끝에 사모펀드에서 220억 원의 투자를 유치했다. K3 에쿼티파트너스K3 Equity Partners PEF가 이 회사에 1,491,300주의 우선주식을 1주당 1만 5천 원에 투자했다. 이 투자와 관련하여 당시 카페베네의 감사보고서에는 이런 내용의 주석을 발견할 수 있다.

> (*3) 전환상환우선주는 1주당 보통주 1주로 전환 청구할 수 있고 전환 비율은 EBITDA에 의해 조정되며 상장할 경우 공모 가액에 따라 조정될 수 있습니다.

전환상환우선주RCPS를 보통주식으로 전환하는 조건에 EBITDA(기업이 영업 활동으로 벌어들인 현금 창출 능력을 나타내는 지표)라는 실적이 들어가 있다. 기업공개 리픽싱은 별도로 두고 말이다. 추정컨대 K3 사모펀드는 이 회사의 EBITDA를 신뢰했던 것 같다. 투자 당시 2014년 결산 당기순손실은 75억 원이었지만, 영업이익은 그나마 49억 원 흑자였고 금융비용이 64억 원이었으니 이 금융비용만 극복하면 충분히 당기순이익을 거둬 기업공개를 할 수 있을 거라고 본 것 같다. 새로운 K3 사모펀드의 우선주가 리픽싱 없이 1:1 비율로 보통주 전환을 했다면 주주명부는 이렇게 됐을 것이다. 당시 카페베네의 보통주 주주명부에 K3의 우선주식을 넣어 수정했다.

주주명	관계	주식 수(주)	지분율
김선권	최대주주 본인 (창업가)	3,905,160	49.5%
K3 PEF	재무적 투자자	1,491,300	18.9%
기타	기타	2,494,840	31.6%
합계		7,891,300	100.0%

출처: 금융감독원 공시시스템(dart)

그러나 2016년 초 발표된 카페베네의 2015년 결산 손익계산서를 보면 충격적이었다. 줄곧 흑자였던 영업이익은 44억 원 적자로 돌아섰고, 당기순손실은 무려 340억 원에 달했다. 2015년 12월 31일 카페베네는 K3 사모펀드 우선주식의 전환권 실행을 공시한다. 회사의 실적^{EBITDA}을 방아쇠^{trigger}로 우선주식 1주가 보통주식 30주로 변하는 것을 볼 수 있었다.

주주명	관계	주식 수(주)	지분율
K3 PEF	재무적 투자자	44,904,700	84.5%
김선권	최대주주 본인(창업가)	3,694,330	7.0%
기타	기타	4,539,970	8.5%
합계		53,139,000	100.0%

출처: 금융감독원 공시시스템(dart)

애초부터 K3 사모펀드가 회사의 경영권을 목적으로 220억 원을 투자하여 전환권을 실행했는지 알 길은 없다. 그러나 결과적으로 K3 사모펀드의 투자와 창업주 김선권은 모두 처참하게 실패한 것으로 보인다. K3 사모펀드는 카페베네의 최대주주가 됐지만 결국 2018년 1월, 법원에 회생절차를 신청하고 수차례 자본금 감소(감자)와 증자를 반복했다.

한때 매출액 2천억 원을 상회하던 카페베네의 2020년 반기 매출액은 116억 원이다. 올해는 연 200억 원 정도의 매출이 예상된다. 그럼에도 여전히 영업적자에서 벗어나지 못하고 있다. 현재 김선권은 의미 없는 소수 지분(1.8%)만 보유하고 있다. K3 사모펀드의 지분율은 수차례 감자와 증자를 거치고도 현재 25%를 유지하고 있지만, 안타깝게도 자본전액잠식 상태의 카페베네 기업 가치는 0원에 가까워 보인다.

    투자자가 실적 리픽싱에 유혹을 느끼는 이유는 매우 단순하다. 밸류에이션 때문이다. 즉, 밸류에이션은 그것이 PER이든 PBR이든 EV/EBITDA이든 피투자 기업의 '미래 이익'을 기준으로 삼는다. 투자 과정에서 피투자 기업은 투자자에게 미래의 추정 이익을 제시하고, 투자자는 그것을 수개월에 걸쳐 다각도로 분석하고 검증한다. 그러나 만약 그 검증이 틀렸다면? 다시 말해, 투자 3년 후 20억 원의 영업이익을 추정했는데 실제 발생한 영업이익이 10억 원에 그쳤다면? 투자자로서는 낭패다. 그러나 투자계약서에 실적 리픽싱 조항이 있다면 그 10억 원을 기준으로 밸류에이션을 다시 수정하는 것과 같은 효과를 거둘 수 있다.

    실적 리픽싱이 분명 투자자에게는 심리적 안도감을 주고 회사의 창업가에게는 주의를 당부하는 효과가 있다. 그러나 실적 리픽싱이 현실화해 투자자가 큰 지분율을 차지하는 것을 대부분의 벤처캐피털은 부담스러워한다. 스타트업 창업가에게 벤처캐피털은 절대적인 존재로 인식되지만 사실 벤처캐피털 회사 그 자체로는 재무적 투자자^{FI}로 보기 어려울 정도로 영세한 경우가 대부분이다. 대부분은 10% 내외의 지분율로 몇 배의 수익을 내고 엑시트^{exit}하는 것을 이상적인 목표로 삼는다. 따라서 위 카페베네와 같은 사례는 이례적인 한계기업 딜$^{distress\ deal}$이라고 봐야 한다.

실적 리픽싱은 없어져야 한다. 투자자가 오판했던 밸류에이션에 대한 책임을 최대주주 창업가의 지분율 하락, 즉 재산상 손실로 이전시키는 것은 투자자의 자기 책임 원칙에도 어긋날 뿐만 아니라 도의적으로도 정당하지 못하다. 투자자가 회사의 비전에 공감하여 철저한 분석과 가치평가에 따라 투자를 집행했다면, 회사는 선관주의 의무를 충실하게 이행하며 비즈니스에만 몰두하면 된다.

3) 연대보증

불과 몇 년 전만 해도 비상장 기업에 투자할 때 이해관계자(보통 대표이사)의 연대보증은 너무나 당연했다. 비록 '투자' 행위이긴 하지만 기업이 은행에서 차입할 때 대표이사에게 채무불이행에 대한 보증 책임을 묻는 것과 크게 다르지 않았다. 실제로 나는 2010년대 초 증자를 통해 어느 기업에 약 50억 원을 투자한 후 기업공개 진행이 불가하다고 판단하여, 해당 기업의 대표이사에게 이러한 풋옵션(팔 수 있는 권리)을 실행하여 투자금을 회수한 적이 있다.

그러나 2017년 4월 5일 경제관계장관회의에서 투자기관의 이러한 연대보증을 없애는 내용의 '스타트업 투자 시장 활성화 방안'이 도출됐고, 2017년 7월 '문재인 정부 국정운영 5개년 계획'에 그 골자가 담겼다. 기업의 채무불이행에 대한 책임을 개인인 대표이사에게 묻는 포괄적 연대보증 관행이 사실상 폐지된 것이다. 현재에는 어느 스타트업이 국가의 중소기업 지원 기관인 중소기업진흥공단, 신용보증기금, 기술보증기금 등에서 보증을 받을 때, 해당 계약서에 과거와 같은 포괄적 연대보증 조항은 없다. 물론 국가의 모태펀드에서 재원을 얻는 벤처캐피털도 마찬가지다.

포괄적 연대보증 제도는 폐지됐지만 여전히 제한적으로는 남아 있다. 대표이사가 고의 또는 중과실로 일종의 사해행위詐害行爲를 했을 때 투자자는 대표이사에게 '주식매수청구권', 즉 풋옵션을 행사할 수 있다. 이러한 사해행위에는 ① 계약 시 진술 및 보장했던 것들이 허위인 경우, ② 투자자금 사용 용도를 위반한 경우, ③ 투자자 동의 없이 중요한 경영 사항을 실행한 경우 등이 포함된다. 따라서 투자 계약에 임한 스타트업 창업가라면 투자자의 '주식매수청구권' 조항을 꼼꼼하게 살펴봐야 하고, 투자 이후에도 이러한 사항들의 위반 여부를 항상 염두에 둬야 한다. 실제로 고의든 과실이든 이러한 위반과 관련하여 종종 창업가와 투자자 간 분쟁이 생긴다.

다만 앞서 말했듯이 이 영역, 즉 벤처투자 영역은 여타의 금융권과 다르게 국가의 규제에서 비교적 자유롭다. 더욱이 어느 투자조합의 성격이 모태펀드나 정부의 출자와 관계없이 사인私人들의 출자금으로 구성됐다면 이 영역은 사적자치私的自治의 영역이라고 봐야 할 것이다.

여전히 법적으로는 비상장 기업에 대한 투자와 함께 기업의 대표이사에게 포괄적 연대보증을 제시해도 전혀 문제가 되지 않는다. 실제로 2017년 연대보증 제도가 폐지됐음에도 불구하고, 난 작년 포괄적 연대보증 조항이 걸린 투자계약서에 대표이사가 서명하는 것을 본 적이 있다. 그 대표이사는 이러한 사회적 변화를 충분히 알고 있었지만 '절박함' 때문에 연대보증 채무를 떠안을 수밖에 없었다.

스타트업 창업가는 언제든 실패할 수 있다. 아니 실패할 확률이 훨씬 높다. 과거 사업의 실패 후 창업가들이 재기하지 못하고 인생의 나락으로 떨어졌던 가장 대표적 이유가 연대보증 때문이었다. 때로 창업가들은 연대보증 채무를 무감각하게 받아들인다. 사업에 실패한다면 대표이사는 투자자가 당연히 책임을 져야 한다고 생각한다. 그리고 책임지지 못한 경우 극단적으로 개인파산을 통해 연대보증 채무에서 벗어나면 된다고 생각하는 사업가들도 꽤 있었다. 사업가의 바로 코앞에 투자 유치가 보이기 때문이다.

그러나 창업가들은 투자 유치에 있어 연대보증 채무를 당연하게 생각하면 안 된다. 사해행위가 없었고, 고의나 중과실 없이 사업에만 매진했음에도 불구하고 사업에 실패하여 투자자에게 손해를 끼쳤다면 그것은 도덕적 해이moral hazard가 아니다. 그 책임은 투자 의사 결정을 내려 투자자금을 집행한 투자자에게도 있는 것이다.

대역전은
일어날 수 있다

대역전은 일어날 수 있다.

나는 그 말을 믿지 않는다.

어차피 기적 같은 일은 일어나지 않는다.

그래도 사람들은 무책임하게 말할 것이다.

네가 작더라도 큰 상대와 맞서라.

남들과 다른 생각과 방법으로 싸워라.

지금이 바로 자신을 관철할 때.

그러나 그런 사고방식은 터무니없다.

가망성 없는 승부는 포기하는 것이 현명하다.

막판, 절체절명의 순간이다.

일본에 있는 소고^{Sogo} 백화점의 광고 문구에서 발췌한 내용이다. 어떤 생각이 드는가? 포기하는 것이 현명하다는 걸까? 맨 끝 문장부터 거꾸로 다시 읽어 보자. 순서대로 읽는 문장의 메시지에 공감하는 사업가는 '기민한^{agile} 사업가'라 볼 수 있고, 역순으로 읽는 문장의 메시지대로 사업에 도전하는 창업가는 '저돌적인 의지의 사업가'라고 볼 수 있을 것이다.

나는 지금껏 역순의 자세로 사업의 모든 파고를 대해 왔다. 그것은 결국 나 자신과 싸움이었다. 그래서 '힘들었다'. 스타트업을 창업해 본 사람이라면 온전히 공감할 수 있을 것이다. 물론 행복할 때도 많았지만 내 뜻과는 다르게 사업이 엇나갈 때 느끼는 좌절감은 이루 말할 수 없었다.

창업가의 기민함이 중요해지는 시대다

과거에는 나와 비슷한 성향의 저돌적인 사업가 마인드를 이상적이라고 보았다. 요즘은 달라졌다. 창업가의 기민함^{agility}이 강조되고 있다. 비즈니스를 둘러싼 환경이 매우 빠르게 변하는 것도 한 이유이겠지만, 무엇보다 실패를 자산으로 삼아야 한다는 인식과 함께 실패를 딛고 다시 창업해 성공한 사례가 널리 알려졌기 때문이다. 세상 모든 일이 처음부터 성공하는 경우는 거의 없다.

오래전 스타트업 창업가들을 대상으로 했던 대한무역투자진흥공 사KOTRA의 박람회에 M&A 전문가 자격으로 참가한 적이 있었다. 그 후 그곳에서 만났던 여러 훌륭한 스타트업 CEO들과 교류하게 됐다. 내가 만난 약 절반의 CEO는 나에게 이런 말을 했다.

"저희는 현재 데스밸리(death valley, 초기 창업 기업이 연구개발에 성공한 후에도 자금 부족 등으로 사업화에 실패하는 기간)를 걷고 있습니다. 지금 이 위기만 잘 버티고 이겨내면 분명 성공할 수 있습니다." 유동성이 메말랐다는 말이다. 임차료는 임차보증금에서 차감되고, 직원들의 월급은 몇 달째 체납되는 상황이 지속된다는 것이다. 예전 페이스북에서 어느 시니어 벤처캐피털리스트가 썼던 장문의 글이 있었다. 주제는 간단했다. 힘들고 괴로워도 버티면 이긴다는 내용이었다.

"성공의 방정식은 의외로 단순하다. 무조건 버티고 끝까지 물고 늘어지면 언젠가는 이긴다."

아마도 많은 창업가가 한 번쯤은 들어본 말이리라. 그러나 기억하자. 저 말은 매우 무책임한 희망 고문에 불과하다. 책상에서 머릿속으로 사업하는 사람들이 보통 저렇게 말한다. 나에게 데스밸리의 고통을 호소했던 위 KOTRA의 참가 기업들은 1년 안에 하나도 남김없이 파산했다. 버티고 살아남아 성공에 이른 기업들도 간혹 존재할 수는 있다. 그러나 확률이 희박하다. 기업이 데스밸리로 접어들면 파산할 가능성이 훨씬 큰 게 이 바닥의 엄연한 현실이다. 무조건 저돌적으로 끝을 보겠다는 생각으로 임하되, 그 결과가 좋지 않다면 기민하게 행동하는 것도 중요하다. 무조건 버티고 물고 늘어지면 언젠가는 이긴다는 믿음은 터무니없이 비과학적이며 일종의 미신에 불과하다. 나라면 조심스럽게 이렇게 말할·것 같다.

> "성공의 방정식은 매우 복잡하고 다양하며, 저는 그 가운데 '실패는 자산으로 작용한다'는 말에 동의합니다. 실패 후 다시 창업했을 때 실패의 확률은 현저히 낮아진다고 믿습니다. 그리고 그것은 여러 사례를 통해 증명됐습니다. 그러나 실패에는 기술이 필요합니다. 그래야 회복탄력성resilience이 극대화될 수 있습니다."

좋은 실패의 방정식을 찾아야 한다

우리는 성공 방정식이 아니라 '좋은 실패의 방정식'을 찾아야 한다. 이는 사업의 본질과는 다소 거리가 있다. 모든 사업은 저마다 양태가 다르고 실패의 원인도 다양하기 때문에 사업의 본질로 접근할 수는 없다. 나는 실패에 의연하게 대처하는 스타트업 창업가의 '마음가짐mindset'을 강조하고 싶다.

무엇보다 창업가의 자존감이 중요하다. 그래야 창업가의 회복탄
력성이 극대화될 수 있다. 많은 사업가가 사업에 몰두하다 보면 자
연스럽게 실패는 곧 '끝'이라고 생각한다. 상투적인 말로 들리겠지만
그것은 끝이 아니라 또 다른 시작이 될 수 있다. 인간에게 끝은 죽음
외에는 없다. 누구든 죽기 전에 대역전을 이뤄낼 수 있고, 그것이 바
로 진정한 의미의 승리다. 사랑을 노래했던 레니 크라비츠Lenny Kravits
의 가사처럼 말이다.

"So many tears I've cried, so much pain inside, but
baby it ain't over 'til it's over"
(내가 흘린 그 많은 눈물, 가슴속 아픔들, 하지만 끝날 때까지 끝난 게 아
니야)

몇 년 전 인간의 성향을 구분한 '인싸insider와 아싸outsider'라는 신조
어가 유행했다. 외향적 성향의 소유자insider가 가진 기발함과 자신만
만함, 솔직함, 폭넓은 대인관계 등이 회자하며 인싸 열풍도 불었다.

그러나 실제로는 내향적 사람이 더 많다. 웨스트버지니아 대학교
의 로리 헬고Laurie Helgoe 박사는 그의 저서 『은근한 매력』에서 인구
의 57%가 내성적 성향의 소유자라고 했다. 고통스러운 사업의 과정
을 겪은 후 실패한 많은 이들은 내성적 행동을 취한다. 주변에 그 실

패를 밝히기 주저하고 스스로 고립된다. 무엇보다 실패의 원인을 외부의 환경 탓으로 돌리려는 경향이 있다. 이는 지극히 당연한 행동이다. 그 행동은 상처받은 인간이 본능적으로 자아를 지키기 위해 선택한 인지부조화의 과정이라고 볼 수 있다. 그리고 사업의 실패는 창업가에게 트라우마를 유발한다. 그 트라우마는 새로운 도전이나 학습을 주저하게 만든다. 매우 쓴 약을 삼켜 본 어린아이가 다시 그 약을 먹기 힘들어하는 것처럼 말이다.

그렇다면 곰곰이 생각해 보자. 과연 사업 실패의 원인은 무엇일까? 비즈니스를 둘러싼 환경? 규제? 또는 공동창업자나 직원들의 태만? 이 모든 것들의 복합적인 작용? 그러나 사실 실패의 근본 원인은 창업가 자신에게 묻고 따져야 한다. 비즈니스를 둘러싼 환경과 규제 등이 실패의 원인이었다면 애초에 그곳으로 진입한 창업가의 전략 실패이며, 그 원인이 공동창업가나 인력으로부터 비롯됐다면 그 인력을 구성한 창업가의 자질 부족 때문이다. 대부분 사업 실패의 근본 원인은 창업가 자신의 사업적 미숙함에서 비롯한다는 것이다.

만약 실패했다면 차분하게 일정 기간 스스로에게 묻고 대답하는 과정을 거쳐 보자. 분명 실패를 반면교사 삼으며 얻은 여러 인사이트가 있을 것이다. 그러고 나서 다시 창업한다면 시행착오를 줄이는 방법을 직감적으로 알고 있을 것이다. 이것이 바로 처절한 고난을 통해 창업가가 얻을 수 있는 '실패의 자산'이다. 그렇다면 그 귀하고 소중

한 자산을 외면하지 말자. 무엇보다 당당하고 떳떳하게 행동하자. 실패를 숨기거나 부끄러워하지 말자. 우리를 괴롭히는 트라우마는 정면으로 그 트라우마와 마주했을 때 비로소 사라진다. 그래야만 다시 용기를 얻을 수 있고 그 소중한 자산을 토대로 다시 도전하고 학습할 수 있다.

나와 사업을 동일시하지 말자

인간은 사실fact과 인식perception을 종종 정확히 구분하지 못한다. 단지 인식에 불과하나 그것을 사실로 착각한다는 것이다. 심리학에 '고무손 착각rubber hand illusion' 현상이 있다. 먼저 피험자의 한쪽 손을 테이블 위에 올려놓고 그 손을 천으로 가려 피험자가 볼 수 없게 한다. 가린 손 옆에는 고무로 된 가짜 손을 올려놓는다. 그리고 피험자에게 그 가짜 손을 계속 바라보게 한 다음 붓으로 진짜 손과 가짜 손을 동시에 자극한다. 이때 피험자는 기묘한 경험을 하게 된다. 붓으로 가짜 손을 문지르면 간지러움을 느낀다. 마치 가짜 손이 본인의 손인 것처럼 착각한다. 즉 인식이 사실을 왜곡한 것이다.

광화문 보수집회에서 다른 나라의 국기를 흔들며 열광적으로 시위하는 일부 시니어들을 우리는 극우 보수라고 부른다. 난 그들의 그러한 행위가 단지 개인이 학습한 이데올로기에서만 근거한다고 보지 않는다. 그들에게도 같은 착각이 있다. 본인의 인생과 본인이 겪은 과거 이데올로기의 시대는 분명 다르다. 과거의 시대는 시간이 흘러 현재와 같이 변했다. 그러나 그들은 현재의 시대정신을 인정하지 않는다. 왜냐하면 자신의 인생과 과거의 시대를 동일시하기 때문이다. 그들은 현재의 시대정신을 인정하는 것이 곧 자신의 인생을 부정하는 것으로 인식한다. 그래서 분노하게 된다. 마찬가지로 인식이 사실을 왜곡한 것이다.

우리는 기억해야 한다. 어느 창업가가 주식회사를 설립하여 사업을 시작했다면, 회사와 창업가를 구분해야 한다. 그 사업은 창업가 인생의 한 단편일 뿐이다. 앞서 언급한 바와 같이 회사는 주주, 채권자, 종업원, 매출처, 매입처와 같은 여러 이해관계자로 구성된다. 이 중 하나라도 빠지면 회사는 제대로 돌아가지 않는다. 즉, 창업가조차도 회사의 한 부분일 뿐이다. 그러나 사업을 해 본 사람은 열이면 열, 회사와 자신을 제대로 구분하지 못한다. '회사가 바로 나요 나는 곧 회사요'라고 생각한다. 내가 만난 많은 CEO 대부분이 그렇게 생각했고, 나조차도 그런 착각에 빠져 지냈다.

몇 년 전 한 회사의 M&A 매각을 주관하며 최대주주이자 창업가에게 거액의 매각대금을 안겨 준 적이 있었다. 그러나 놀랍게도 최종계약SPA 체결 당일에 그 CEO가 눈물을 훔쳤다. 감격이나 기쁨의 눈물은 아니었다. 그가 흐느끼며 말했다. "이 회사는 내 인생이자 자식 같은 것인데……." 물론 나는 충분히 그 말의 함의를 알고 있었다. 그래서 간접적으로나마 창업가의 지난 소회를 공감하며 함께 뭉클했다. 하지만 분명한 점은 회사와 창업가의 관계는 자신뿐 아니라 자식과도 비교할 수 없는 단지 경제적 관념의 비즈니스일 뿐이라는 것이다. 창업가는 회사와 자신을 동일시하면 안 된다. 회사에서 빈번하게 발생하는 여러 횡령이나 배임죄는, 창업가가 회사와 자신을 구분하지 못할 때 주로 발생한다.

사업의 실패를 자기 인생의 실패로 확장하여 인식하지 말자. 단지 우리의 기나긴 인생에서 매우 단편적인 시행착오일 뿐이다. 오히려 실패의 자산을 얻은 격이니, 창업가는 인생을 다시 한 번 반추하며, 더 옳은 방법을 찾아 앞으로 나아가기 위해 끊임없이 스스로 묻고 대답해 볼 것을 권한다.

다시 사업의 본질이다. 나는 책에서 사업의 본질에 다가가라고 강조했다. 여기에 실패의 자산을 더해 보자. 우리에게 끝이란 죽음 외에 없다는 것만이 진정한 사실이다. 숨이 멈출 때까지 우리는 언제든 대역전을 이뤄낼 수 있다.

6년 전의 내가, 지금의 나에게.

2014년 7월 4일, 난 오늘 회사에서 퇴직했어. 사직서를 제출하고 한 달이나 걸렸네. 사직서가 최종 수리되던 어제까지도 회사의 각 부서장과 심지어 대표이사님도 나의 사직을 만류하더라. 그러나 난 끝내 그곳에서의 종지부를 찍었어. 묘하게도 그들이 날 붙잡을수록 내 의지는 더욱 강해졌고, 뭔지 모를 우월감에 휩싸이는 걸 느낄 수 있었어. 6년 후의 나에게 편지를 쓴다니 기분이 이상하구나. 난 5년 안에 반드시 성공할 거야. 천억 원을 모아 자산가가 되어 있을 것이고 그 자산으로 내 이름으로 된 재단법인을 설립해서 나눔을 실천할거야. 그게 지금 내 목표야.

물론 아무 준비 없이 회사를 나오지는 않았어. 일을 하면서도 개인적으로 영업을 해뒀지. 그런데 오늘 아침 문득 불안해졌어. 이제 법인카드도 없고, 명함도 만들어야 해. 만약 내 계획과 나의 인생이 다르게 흘러가면 어떡하지? 난 그 사실을 현실로 받아들이고 그 현실에 순응하며 재기할 수 있을까?

사실 내 목적은 M&A로 큰돈을 버는 게 아니야. 반년 안에 종잣돈을 만들어서 플랫폼 하나를 한국 시장에 내놓을 거야. 직장에 얽매이지 않아도 실력만 있으면 평생 먹고 살 수 있는 세상, 자본의 수익률보다 노동의 생산성이 더 높은 세상을 만들 거야. 난 충분히 여러 산업과 기업들을 분석해 왔어. 인스타그램은 세상에 나오자마자 몇 주 만에 수십만 명의 이용자들이 몰려들었다고 해. 나도 세상에 없던 플랫폼을 만들 거야. 그리고 인스타그램처럼 매각할거야.

난 앞으로 어떻게 될까? 운명은 갑자기 나를 왜 이런 방식으로 끌고 가고 있을까? 이제 정말 시작이야. 바로 내일부터 달려들어 물고 뜯어 볼게. 내 의지와 신념을 믿어 봐.

지금의 내가, 6년 전의 나에게.

2020년 7월 3일, 난 오늘 회사에서 퇴직했어. 6년 전과 다른 점이 있다면 내 지분의 90%를 매각하여 오늘로서 회사의 주인이 바뀌었다는 점이야. 6년 전, 넌 의기양양하게 '난 너희들과 다르다'를 외치며 회사를 나왔을 거야. 알고 있니? 그들이 너를 좋아하거나 너와 정이 들었기 때문에 또는 네가 탁월한 인재라서 너를 붙잡은 게 아니란다. 단지 그간 너에게 투자한 돈이 아까워서 그랬던 거야.

네가 반년 안에 시작하겠다던 플랫폼에 대한 목표를 기억하고 있어. 하지만 네가 종잣돈을 모으는 데에는 무려 3년이 걸린단다. 무엇보다 네가 크게 실수한 게 있어. 종잣돈도 중요하지만 넌 너와 함께 사업할 사람을 모았어야 해. 그게 훨씬 더 중요해. 물론 네 독단적인 성향을 잘 알아. 그렇지만 그건 자만이야. 네가 아무리 뛰어난 사람이라도 혼자서는 어려워. 물론 난 지금도 '세상을 바꾸겠다'는 그 때의 네 신념을 존경하고 있어. 하지만 그만큼 철저한 준비가 필요했단다. 그리고 인스타그램 같은 성공 사례나 성공한 기업가들이 하는 말에 귀 기울이지 마. 모두 헛소리라고 생각해도 좋아. 넌 곧 너만의 방법을 찾게 될 거야.

난 너의 굳은 의지와 신념을 믿어. 비틀즈가 'across the universe'를 부르며 'Nothing's gonna change my world'라고 읊조렸던 것처럼, 그 어떤 것도 네 세계를 바꿀 수는 없어. 상사에게 네 운명을 맡기지 않고 스스로 인생을 개척하기 위해 이 거친 세상으로 나온 너를 진심으로 응원해!

이제 시작하는구나. 네 앞에는 무수히 많은 실패가 널 기다리고 있을 거야. 그리고 여러 번 좋은 기회를 놓치기도 할 거야. 그러나 용기를 가져도 돼. 실패는 그 때뿐이고, 눈물 같은 강 위에 떠내려간 기회는 다시 찾아오거든. 괜찮아. 잠자리에 들며 회복을 청하고, 깨끗한 마음으로 아침에 일어나 다시 시작하렴.

널 응원해.

언론에서 말하는 스타트업에 대한 환상은 잊으세요.
대부분 거짓말입니다. 스타트업 중 절반은 1년 안에 망합니다.
살아남은 1인이 되려면 당신의 사업을 만드는 데에 집중하세요.
줄스 피에리

인내는 아주 중요하다.
억지로 포기를 강요당하지 않는 한, 결코 포기하지 마라.
일론 머스크